Gaia

Annalisa Monfreda

COME SE TU NON FOSSI FEMMINA

Appunti per crescere una figlia

MONDADORI

librimondadori.it
anobii.com

Come se tu non fossi femmina
di Annalisa Monfreda
Collezione Gaia

ISBN 978-88-04-68666-8

I edizione aprile 2018

Come se tu non fossi femmina

A Sara, Marta, Naima, Giorgia, Elisa,
le mie piccole donne

Prologo

Lezione numero uno, la più importante: non perdete mai la strada del desiderio. A me succede ancora adesso, che ho quasi quarant'anni. Mi è successo quel venerdì di luglio in cui Lui, con la serena fermezza dei giusti, mi ha confermato ciò che aveva abbozzato nelle ultime ore, seminando indizi che avevo evitato di cogliere: era costretto a rinunciare alla settimana di ferie in programma di lì a pochi giorni. "È la vita del consulente, tesoro, dovresti averlo imparato" dicevano i suoi occhi. "Brutto stronzo, la revoca delle ferie non è più di moda dagli anni Duemila" dicevano i miei.

Nella mezz'ora seguente la mia rabbia è rimbalzata sulla sua impassibilità come una pallina da squash. Il cattivo umore ha cercato sollievo nel generare sensi di colpa e nell'elaborare visioni pessimistiche. Non avevamo prenotato neanche un albergo. Ma gli spazi dell'immaginazione erano tutti occupati: un'auto, io, lui, le nostre due bambine e un vagabondaggio in Croazia, fermandoci dove ci ispirava. Il viaggio è Il Rito della nostra famiglia. L'oasi spazio-temporale in cui noi grandi, scoprendoci vulnerabili, regrediamo, mentre le bambine, divorando vitamine di esperienza, danno uno scatto in avanti. Talvolta arriviamo così vicini che riusciamo a sfiorarci, a conoscerci, a capirci.

Come per un riflesso condizionato, ho iniziato a elaborare visioni di vacanze alternative: una stanza in pensione a Rimini, un bungalow in Salento, una casa in affitto su un'isola greca, una palafitta su un atollo delle Maldive. Eppure nessuna di quelle visioni mi restituiva l'ottimismo. Poi l'illuminazione. Perché mi ero sentita costretta a cambiare programma? Ho provato a visualizzare io e le bambine che attraversiamo la Croazia di città in città, di isola in isola: ed eccola lì, la felicità. Intatta. Se parte della mia frustrazione scaturiva dal venir meno di un essenziale partecipante a quel rito familiare, l'altra parte nasceva dalla rinuncia a un desiderio, che lì per lì mi era parsa inevitabile. Ma non lo era affatto.

La lezione numero due è che non c'è nulla che non possiate fare, o perlomeno tentare, se lo desiderate veramente. Il riflesso condizionato del cambio di programma non era campato per aria. In viaggio, io risolvo problemi e tengo alto il morale, ma sono disordinata e priva di senso dell'orientamento. Una settimana in auto con due figlie di 6 e 9 anni andava oltre le mie possibilità. Mi provocava la stessa vertigine che scalare la parete nord dell'Everest alla prima lezione di alpinismo. Ma a pensarci bene, mi provocava più felicità che vertigine. E forse il desiderio di farlo avrebbe controbilanciato i miei limiti e mi avrebbe aiutato a superarli. Perché non c'è niente che ci aiuti a superare i nostri limiti come il desiderio. Né l'ambizione né la rivincita né la ripicca e neppure l'amore. Solo il desiderio ci regala i superpoteri. E qualcuno che creda in noi.

Lezione numero tre: circondatevi di persone che pensano che non ci sia nulla che voi non possiate fare.

Di fronte a questa prospettiva di viaggio, densa di felicità ma adombrata dalla mia insicurezza, Lui annuiva compiaciuto della perfetta soluzione. «Ma davvero ti fidi?» gli ho chiesto, con due occhi in cui l'acuto osservatore avrebbe potuto leggere: io sono quella caduta nelle mani di un falso tassista in Senegal, io sono quella che ha tamponato in Francia e squarciato una ruota in Sudafrica. Eppure, lo sguardo con cui Lui mi affidava un'auto con dentro i suoi beni più preziosi è ciò di cui ogni essere umano ha bisogno per spiccare il volo.

A quel punto avrei dovuto chiedere il parere delle bambine ma non l'ho fatto, né allora né poi. *La lezione numero quattro è: imparate a prendervi cura della vostra felicità, se volete occuparvi della felicità degli altri*. Sono anni che in aereo ascolto le hostess consigliare, in caso di calo di pressione, di indossare la propria maschera d'ossigeno prima di aiutare i vicini, figli inclusi. Con la felicità è la stessa cosa. Inutile mettersi in una situazione di infelicità personale e da quello stato di debolezza farsi carico della felicità altrui. In generale, è meglio non farsene carico affatto, ma insegnar loro a cercarla da sé. E come, se non prendendosi cura della propria?

E on the road sia.

Questo è il racconto di quel viaggio, che si intreccia con mille altri viaggi. Nel corso dei quali ho elaborato una piccola lista di lezioni che vorrei che le mie figlie imparassero. O che non dimenticassero, diventando grandi.

1

Se c'è un'abitudine di mia madre che pensavo non avrei mai ereditato è il rito della valigia. Quando eravamo bambine, ogni viaggio iniziava nella sua testa almeno due settimane prima di partire. Un'infinità di dati – le attività che avremmo svolto, le temperature che avremmo potuto incontrare, gli imprevisti con cui avremmo dovuto fare i conti – venivano processati nella sua mente e tradotti in abiti, accessori, biancheria. Tutto il necessario per sentirci a casa anche in viaggio veniva minuziosamente piegato e appoggiato sul letto di ciascun componente della famiglia. Ogni giorno di quelle due settimane, qualcosa veniva aggiunto dopo essere stato lavato e stirato, e qualcosa veniva tolto, lasciando invariato il volume complessivo. E siccome in quei letti ci si doveva comunque dormire, l'ordine meticoloso veniva disfatto alla sera e ricomposto al mattino.

Tutto ciò, pensavo, serviva a placare l'affanno legato allo spostamento, che si traduceva in puntuali sfuriate tra mio padre e mia madre durante gli ultimi concitati preparativi, ma che poi evaporava nella spensieratezza vacanziera di sempre.

Raggiunta l'indipendenza, ho sfidato l'abitudine materna preparando la valigia poco prima di mettermi in viaggio e comprando le ultime cose in aeroporto. E così è stato fino a… non so esattamente quando. Ma poco prima di partire per la Croazia, entrando nella stanza delle bambine per poggiare sul letto la pila degli slip appena comprati e lavati, e vedendo meticolosamente organizzati costumi, magliette e asciugamani, mi è tornato in mente il rito della valigia di mia madre. Non solo lo stavo replicando, ma l'ho ulteriormente perfezionato con un'app sul cellulare dove creo elenchi che spunto via via che i preparativi procedono.

Probabilmente ho cominciato a farlo quando la loro estate è diventata una tournée con un rigido calendario di partenze, arrivi e lavatrici notturne. O forse la prima volta in cui ho realizzato che avremmo dovuto comprimere i bisogni di quattro persone in due soli zaini. E così come la brevità nella scrittura esige più tempo e cura della lunghezza, un bagaglio piccolo richiede tanta preparazione in più.

La mia non è ansia, credo, ma esercizio più o meno efficace dell'arte del viaggiare leggeri.

Eppure, ancora una volta, è lì che torno. Quanto più mi sembra di essermi allontanata dal modo di pensare e di vivere di mia madre, dal suo senso delle priorità e dagli agenti della sua ansia, tanto più mi riscopro ad avvicinarmi a lei, come in un labirinto dove fai tanta strada per poi accorgerti di essere al punto di partenza.

Ora che sono madre, scoprire in me pezzi di mia madre mi regala l'illusione del progresso. Che tutti i miei errori, le mie scoperte, i miei punti di arrivo non vadano perduti, ma che qualcuno, le mie figlie, possano ripartire da lì per andare oltre.[1]

[1] Lo psicanalista Massimo Recalcati scrive: "Il tragitto del figlio giusto non è forse sempre – seppur in forme diversissime – un ritorno alla propria matrice, alla propria origine? Compiere il proprio viaggio riconoscendo che, alla fine del suo percorso, la meta raggiunta – anche la più lontana, la più straniera – porta sempre con sé delle tracce della nostra prima lingua? (...) Il segreto del figlio non si svela come un diventare quello che si è da sempre stati?" (Massimo Recalcati, *Il segreto del figlio – Da Edipo al figlio ritrovato*, Feltrinelli, Milano 2017, p. 120).

2

Fuori la pianura e l'autostrada, che sfumano l'una nell'altra nella calura estiva. Dentro la voce di Bianca Pitzorno che legge il suo capolavoro *Streghetta mia*. Non avevamo ancora imboccato l'autostrada che le due passeggere hanno reclamato l'unico rimedio in grado di rendere sopportabile la lunga traversata in auto da Milano a Fiume: un audiolibro.

Solo due ore prima, davanti al cancello di casa, Lui ci ha salutato con uno sguardo a metà tra orgoglio e rimpianto. E con una lista di raccomandazioni.

Primo: visitare il museo del vetro antico di Zara, che conserva reperti di grande valore.

Secondo: fare snorkeling e fotografare tutto ciò che avvistiamo sott'acqua.

Terzo: salire sul campanile della Cattedrale di Spalato e guardare il golfo da lassù.

Pur non venendo, ha studiato un possibile itinerario. Esattamente come fa suo padre tutte le volte che partiamo per le nostre avventure in giro per il mondo: ci segue su atlanti ed enciclopedie. E al ritorno ci interroga, neanche fosse un esperto di archeologia peruviana o buddhismo tibetano.

Nessuna raccomandazione di prudenza da parte di Lui, solo il mandato di essere i suoi occhi. Sorrido a pensarci. Avrei fatto lo stesso fossi stata al suo posto? O avrei studiato il tragitto con il filtro dei pericoli e mi sarei profusa in un lungo elenco di cose da non fare?

3

Bianca Pitzorno racconta del disgustoso Asdrubale Tirinnanzi, avido e senza cuore, che rapisce la bellissima Sibilla e le chiede di sposarlo.

"Ma ho solo 14 anni" risponde lei. "Devo finire la scuola. Mi voglio laureare in archeologia spaziale..."

"Sciocchezze!" le risponde Asdrubale. "Le ragazze non devono perdere tempo con lo studio! Devono solo pensare a sposarsi al più presto. Possibilmente con un giovanotto molto ricco. Come me."

«Mamma, puoi fermare?» sento urlare dal retro dell'auto. La Seienne reclama il time out per comunicarci che anche lei sa che non è così, che Asdrubale dice sciocchezze. E che è vero tutto il contrario. Le donne non sono fatte per sposarsi ma per studiare e lavorare.

Questa lezione l'avete già imparata. È bastato essere figlie della vostra epoca, nate in questo spicchio di mondo e cresciute in una famiglia come la nostra. Ma come faccio a spiegarvi che non è stato sempre così? Che c'è stato un tempo in cui l'obiettivo che la famiglia poneva a una donna era solo un buon matrimonio; che la lettura, la musica, l'arte andavano coltivate solo affinché la donna risultasse più desiderabile e conquistasse un buon partito; che in forme più sottili, e con i necessari aggiornamenti, questo pensiero è ancora vivo in una parte della nostra società; e che negandogli cittadinanza, senza tentare di comprenderlo, si rischia di restarne vittime. *La lezione numero cinque è che non dovete mai dare per scontata nessuna conquista ottenuta dalle donne.* La storia insegna che la retromarcia è in agguato, che nessun progresso è al sicuro finché ciascun beneficiario non se ne fa strenuo difensore pur riconoscendo, in se stesso, la pulsione a tornare indietro.

È trascorso poco tempo da quando, in un luogo non lontano da qui, la pellicola della storia si è riavvolta improvvisamente. Nell'Iran degli anni Sessanta, le donne potevano scegliere chi sposare o anche di non sposarsi affatto. Divenivano medici, avvocati, entravano in Parlamento e facevano i ministri. Poi, nel giro di una generazione, dopo la rivoluzione islamica del 1979, si ritrovarono costrette dentro un velo nero, spose, potenzialmente anche all'età di 9 anni, di uomini scelti dalla loro famiglia, lapidate se scoperte adultere e costrette a chiedere il permesso del marito per lasciare il Paese. Tutto ciò era accaduto in pochi anni. Ed era successo perché loro stesse, senza rendersene conto, lo avevano permesso.

Azar Nafisi, docente universitaria vissuta a Teheran a cavallo delle due epoche, nel 1995 riunì in un gruppo di lettura clandestino le sue studentesse migliori, alcune profondamente religiose, altre laiche, altre ancora incerte. Non leggevano saggi femministi. Non usavano la letteratura per motivarsi alla ribellione. Leggevano i grandi romanzi ottocenteschi, vietati dal regime, per allenarsi all'empatia. Per penetrare la psicologia dell'oppresso e dell'oppressore. *Lolita*, *Orgoglio e pregiudizio*, *Daisy Miller*... La grande letteratura è il tramite per capire il ruolo che la donna ha avuto nelle società passate e quello che ha in molte società contemporanee. Per accorgersi di come, da una parte fosse costretta in quel ruolo, ma dall'altra "danzasse col suo oppressore"[1] e si rendesse complice della sua stessa sotto-

[1] Azar Nafisi, *Leggere Lolita a Teheran*, Adelphi, Milano 2004.

missione, e di come noi continuiamo a replicare alcuni schemi mentali e meccanismi psicologici tipici di chi è subordinato a qualcun altro.

Oggi penso che per l'educazione di una giovane donna europea ci voglia lo stesso repertorio di letture, da Jane Austen a Henry James, che Azar Nafisi proponeva alle sue studentesse oppresse dal regime islamico e che io mi ero negata perché ritenevo non avessero più nulla da dire alla mia generazione. Quando ho iniziato a riconoscermi nella pigrizia intellettuale di Emma Woodhouse, nella sfrontata leggerezza di Daisy Miller e nella forzata razionalità di Marianne Dashwood, ho imparato a essere più indulgente con la storia e a non sentirmi troppo sicura delle conquiste del genere femminile.

È presto per consigliare Jane Austen alle mie figlie, ma c'è una grande letteratura ottocentesca per ragazzi che, tra le altre cose, può mostrare il percorso compiuto dalle donne e allenarle a non darlo per scontato. Periodicamente questa letteratura finisce sotto processo, accusata di maschilismo e di proporre modelli convenzionali. E non c'è dubbio che, salvo rare eccezioni, le avventure, il coraggio e l'esplorazione siano appannaggio dei personaggi maschili, mentre l'attesa, l'accudimento e la rinuncia spettino ai personaggi femminili. Ma ben presto ho imparato a diffidare dei contabili della letteratura. Di quelli che calcolano le quote rosa o azzurre. O che giudicano le trame e le scelte dei personaggi come se si trattasse di una galleria di modelli edificanti a cui ispirarsi. La buona letteratura non è né maschilista né femminista.

Quando ho letto *Ventimila leghe sotto i mari* assieme alla Novenne, mai una volta l'ho sentita in dubbio sul fatto che, benché non ci fossero donne nella spedizione, lei potesse identificarsi con il capitano Nemo o il professor Aronnax, pur rimanendo femmina.

Confesso, invece, un attimo di turbamento durante la lettura di *Pattini d'argento*. Sul finire del libro, un dialogo tra mamma e figlia suona più o meno così:

"Ricorda, quando sarai sposata, che opporsi non serve a nulla. Gli uomini li si vince con l'obbedienza e con l'umiltà. 'La moglie remissiva è la padrona del marito', si dice, ed è vero...".

Mentre mi apprestavo a fare una pausa per storicizzare quel passaggio, ho guardato le mie figlie e ho capito che non ce n'era bisogno. Cosa può un romanzo rispetto alla quotidianità di segno totalmente opposto che vivono nella nostra casa? E che valore ha invece quel dialogo tra mamma e figlia nell'illuminare il meccanismo della sottomissione?

Di classico in classico, è arrivato il momento di *Piccole donne*, uno dei romanzi che viene periodicamente additato come antifemminista perché le quattro sorelle, cresciute badando a loro stesse e guadagnandosi da vivere, coltivando sogni normalmente preclusi al genere femminile, finiscono tutte per fare un buon matrimonio e vivere all'ombra dei loro mariti. Ma davvero leggiamo *Piccole donne* per capire se è giusto o sbagliato sposarsi? Se è giusto o sbagliato rinunciare al proprio sogno di bambina?

"Non si legge Gatsby per capire se l'adulterio è una cosa buona o cattiva, ma per rendersi conto che il matrimonio, la fedeltà, il tradimento sono questioni molto complicate" dice Azar Nafisi ai suoi studenti più integralisti.

E così *Piccole donne*, centocinquant'anni dopo essere stato scritto, ancora oggi ci parla di un mondo tremendamente contemporaneo, dove tutti, uomini e donne, crescendo, finiscono per rinunciare ai propri sogni. Il finale ci fa arrabbiare. La sola prospettiva del matrimonio di Meg ha fatto dire alla Novenne che non voleva più leggere il seguito. Ma a che servono i romanzi se non a questo? A proporci un modello da seguire o a turbarci, sconvolgerci, farci riflettere?

La stessa *Anna di Green Gables*, quella dai capelli rossi, ribelle fin dalle prime pagine del libro, alla fine del romanzo fa una scelta di sacrificio. Invece di continuare a studiare o di diventare un'attrice, decide di tornare nel suo piccolo villaggio a fare la maestra per stare vicino all'anziana Marilla, ormai rimasta sola. E quindi, mettiamo all'indice questo romanzo perché insegna alle donne la rinuncia? Oppure lo facciamo leggere alle nostre figlie perché pagina dopo pagina costruisce una delle personalità più complesse e contradditorie della storia della letteratura, capace di tenere assieme frivolezza e profondità, passione per i vestiti e sensibilità artistica. E perché ci conduce, per mano, dentro la complessità di una scelta, indipendentemente dal genere di chi la compie?

Col tempo ho imparato a non aver paura dei libri e a esplorare, attraverso le loro pagine, la complessità dell'animo umano e delle scelte fatte dalle persone.

Nutritevi di grandi libri è la lezione numero sei.

Proprio come era solito fare, letteralmente, il topo di biblioteca di Bianca Pitzorno. Il quale, però, con l'ingrandimento dell'edificio e lo svuotamento delle cantine, si ritrovò improvvisamente senza cibo e gli toccò emigrare nei sotterranei di una banca, cambiando la dieta a cui era abituato dalla nascita: "Non mi si dirà infatti che le banconote hanno lo stesso sapore e lo stesso valore nutritivo dei libri!".[2]

[2] Bianca Pitzorno, *Streghetta mia*, Einaudi, Torino 2015.

4

Approfitto della pausa reclamata dalla Seienne per tessere la trama di una conversazione, attività sempre più complessa.

Alla Novenne, che da grande vuole fare l'archeologa, suggerisco che l'archeologia spaziale sognata da Sibilla non è poi così male. In fondo, ogni astronomo è un archeologo spaziale, dal momento che, appena alza gli occhi al cielo, vede e studia lo spazio di migliaia di anni fa.

«Mamma, ma uno deve fare lo stesso lavoro per tutta la sua vita?» mi chiede.

«No, certo che no.»

«Allora io da grande farò la *factotùm*» dice con l'accento sulla "u". «Perché ci sono troppe cose che mi piacciono.»

«E tu, mamma, tu cosa farai da grande?» interviene la Seienne.

«Intendi quando sarò ancora più grande?»

«Sì.»

«Non ci ho mai pensato.»

«Perché non mi aiuti con la mia gelateria?»

E partiamo con l'analisi di ciò che renderà unica questa gelateria che da almeno un anno elabora mentalmente nei minimi dettagli, dalla molteplicità dei gusti, al costo irrisorio dei gelati, fino alla diversificazione dell'offerta in inverno.

«Ma possibile che nessuna di voi vorrebbe fare il lavoro di mamma?» chiedo.

«Nooo...» esplodono in coro.

«È così noioso, sempre al computer» dice la Novenne.

«Sì, però il giornalista non sta sempre al computer» spiego. «È uno che viaggia, esplora, fa domande, investiga, poi si siede al computer e racconta.»

«Tu non lo fai mai, però.»

Touchée.

«L'ho fatto per tanti anni, all'inizio.»

«E perché hai cambiato?»

Giusto, perché ho cambiato? Ecco, ora ricordo: «Perché un giorno mi è successa una cosa bellissima: sono rimasta incinta di te. Fino a quel momento non avevo pensato che viaggiare e allontanarmi per lunghi periodi da casa sarebbe stato difficile con una bambina piccola. E non ho dovuto pensarci neanche allora. Un proverbio popolare dice che i figli arrivano con il pane sotto il braccio, cioè che non bisogna preoccuparsi di avere il necessario per sfamarli perché si sfameranno da soli. Nel mio caso il problema non era sfamarti, ma avere un lavoro che mi permettesse di starti accanto. E così, a un mese dalla tua nascita, ho ricevuto la proposta di diventare direttrice di un giornale: un ruolo di prestigio, che in più mi permetteva di viaggiare meno e prendermi più facilmente cura di te».

Silenzio. La Novenne ha gli occhi bassi.

«Che c'è?» le chiedo.

«Uffa, perché sono nata?» urla melodrammaticamente.

«Cosa dici, tesoro mio? Sei la cosa più bella della mia vita, assieme a tua sorella, s'intende.»

«Sì, però ti ho costretto ad abbandonare quello che amavi fare.»

Silenzio.

Mi sono messa all'angolo da sola.

Quella che per il mondo è un'ascesa, per lei è una caduta. E sono io ad avergliело detto. Lei non ha fatto altro che leggere le mie parole senza alcuna sovrastruttura mentale – ambizione, successo, carriera – e tradurle in un'esclamazione teatrale, ma vera.

Raccontarsi ai bambini è come guardarsi in uno specchio senza filtri.

Sembra che non abbiano capito, che semplifichino troppo. Invece arrivano dritti al nocciolo della questione che tu da sempre aggiri, rivestendola di mille se, ma, però...

Sono anni che interpreto la parte della donna che ce l'ha fatta.

La domanda che mi sento rivolgere più spesso è: "Ma allora è possibile, le donne possono avere tutto: carriera e famiglia?". Io mi limito a rispondere, con non poco imbarazzo, che dalla mia postazione è facile: ho la libertà di organizzare il tempo lavorativo e di plasmarlo su quello privato. E ho la disponibilità economica per pagare qualcuno che si occupi di tutte le questioni materiali e mi lasci libera di godermi il meglio delle mie figlie. Certo che dalla mia postazione si può. La conciliazione è difficile per la signora del terzo piano, che fa le pulizie negli uffici alla sera, mentre sono chiusi, e che ha dovuto lasciare il figlio in Egitto perché qui non avrebbe saputo come occuparsi di lui. È difficile per la nostra segretaria di redazione, che per andare a prendere sua figlia all'asilo ha dovuto chiedere il part-time. Ed è difficile per Alessia, una lettrice di 28 anni, che mi ha scritto di aver abbandonato il lavoro una volta partorito il secondo figlio, non potendo contare sull'aiuto dei nonni e del marito imprenditore.

Non ho mai confessato che anch'io ho fatto un compromesso per diventare madre. Che nel profondo del mio cuore alberga la nostalgia per un lavoro che amavo tantissimo e che ormai da dieci anni non è più il mio. E che quella nostalgia la alimento di ricordi e la consolo con la mia attuale felicità, la proteggo e non tento di cancellarla, perché so che è un vulcano momentaneamente addormentato e avrò bisogno della sua energia per cambiare di nuovo la mia vita quando ce ne sarà bisogno.

Adesso, però, come la mettiamo con voi. Dovrei insegnarvi la *lezione numero sette e cioè che fare figli non è il destino ineluttabile di una donna, ma solo una delle possibili scelte detta-*

te dal desiderio. E poi, a seguire, la lezione numero otto, cioè che per realizzare i propri sogni non si deve sacrificare o rimandare la maternità, se la si desidera profondamente.

Forse è meglio tacere. In fondo, tutto ciò che so sull'argomento l'ho imparato da mia madre senza che lei aprisse bocca.

Per anni mi sono arrovellata sul mistero di quella giovanissima donna che, da brillante diplomata al liceo classico, a 19 anni aveva abbandonato il sogno di insegnare per sposarsi e fare dei figli. Il mistero di mia madre non stava nella sua scelta, piuttosto comune a quei tempi, ma nella sua felicità nonostante la rinuncia. La passione per l'insegnamento ribolliva dentro di lei, e cercava continuamente sfogo. Prima con me e mia sorella, che abbiamo imparato a leggere e scrivere in casa e che abbiamo iniziato a frequentare la scuola solo in seconda elementare. Poi, quando noi ci siamo allontanate, quella passione si è tradotta nell'offrire un doposcuola gratuito ai bambini immigrati e bisognosi. Eppure, al netto di ogni rinuncia e rimpianto, mia madre è sempre stata felice. Una delle persone più felici che io abbia mai conosciuto.

Un giorno, per lavoro, ho incontrato una sua ex compagna del liceo. Era diventata una celebre ricercatrice, in America, nel campo dei tumori infantili. Periodicamente appariva sui giornali per le sue scoperte di rilevanza mondiale. Prima o poi sarebbe stata in odore di Nobel. Le ho messe in contatto e poco tempo dopo mia madre mi ha permesso di leggere il loro scambio di email. Non credevo ai miei occhi. Due donne che parlavano l'una dei successi dell'altra, mettendoli sullo stesso piano. Compiutamente realizzate entrambe.

Nonostante l'evidente soddisfazione di mia madre io sono cresciuta nella convinzione che non avrei fatto lo stesso, che non avrei "sprecato" le mie doti all'interno di una casa e che mi sarei realizzata innanzitutto nel lavoro. Poi, però, il desiderio di diventare madre si è presentato. Con tutta la forza che solo alcuni desideri speciali posseggono. E per quanto rappresentasse una deviazione dalla strada dei miei sogni, io l'ho intrapresa senza pensarci due volte. Oggi credo che la misteriosa felicità di mia madre mi abbia regalato il coraggio di cercare un compromesso tra il sogno di fare la giornalista sul campo e il desiderio di maternità.

Non c'è dunque bisogno di parlare. Col tempo le bambine capiranno la *lezione numero nove: la strada dei desideri non coincide sempre con la strada dei sogni, delle ambizioni*. Spesso i desideri sembrano arrivare dalla pancia apposta per distrarci. Stiamo guidando in autostrada verso Fiume e vediamo un paesino lassù abbarbicato. Visitarlo ci farebbe perdere tempo sulla tabella di marcia, o peggio ancora ci farebbe ritrovare di notte senza albergo su una via di campagna. Nonostante ciò, è lì che dobbiamo andare, la strada dei desideri è quella di cui fidarsi. Perché i desideri hanno la chiave diretta della nostra felicità, mentre i sogni abitano a qualche chilometro di distanza, nel regno dell'astrazione, ci chiedono di scegliere, sono assolutisti, non lasciano spazio a nient'altro e non sempre sanno farci felici. La felicità, più spesso di quanto crediamo, risiede nel compromesso.

5

«Silenzio» urlo di colpo. E incredibilmente tacciono.

«Stiamo arrivando» dichiaro con una solennità che potrebbe apparire fuori contesto a chi non ha mai viaggiato con me. Ma le inquiline dei sedili posteriori sanno benissimo cosa sta per succedere e quasi trattengono il respiro per non distrarmi.

È il momento in cui io e il navigatore iniziamo a parlare due lingue diverse. È quando l'ingresso in una grande città, e quindi l'uscita dall'autostrada, si traduce sullo schermo in un complicatissimo intreccio di raccordi, ponti, cavalcavia, tra cui c'è una sola strada segnata in rosa, quella che dovrei seguire. Inizio a sudare freddo. I miei occhi saltano come impazziti dal parabrezza allo schermo e ritorno. I cartelli si confondono. Per qualche secondo ho l'impressione di avercela fatta, di aver preso la strada rosa. Ma ben presto scopro che io (e il navigatore) ci siamo solo illusi. Non l'ho imboccata, non quella giusta insomma: la freccia che indica l'auto e la strada rosa piano piano iniziano a divergere. La meta è ormai alle nostre spalle e ci ritroviamo lanciati chissà dove.

Il ricalcolo mi dà mezz'ora per tornare indietro. Che dopo sei ore infinite di guida mi sembra una punizione immeritata.

È successo anche stavolta. Altro che il desiderio capace

di farci superare i nostri limiti: Dio solo sa quanto desideri arrivare a Fiume dopo così tanta strada, ma i miei limiti sono tutti lì. Io e le strade non ci capiremo mai. La delusione è così palpabile che le passeggere lì dietro tacciono per rispetto.

Intercetto le loro facce nello specchietto e le ricompenso della partecipazione emotiva alla mia ennesima disfatta con un sorriso. Come se non aspettassero altro che quel via libera, danno voce ai pensieri che hanno trattenuto fino ad allora: «Mamma, sei una pasticciona». «Mamma, sei un disastro.»

Ogni tanto mi chiedo se sia corretto permettere ai propri figli di sporgersi così tanto nella voragine dei nostri limiti. Non temo la perdita dell'autorevolezza. Sono diventata capo un mese dopo essere diventata madre. E se è vero che la maternità ci regala infinite competenze da utilizzare sul lavoro,[1] è vero anche il contrario. Ci sono tante cose che ho imparato in redazione e che poi ho applicato alla vita familiare.

Una di queste è: non aver paura di mostrare i propri limiti, ciò che non si sa fare. Quando ho accettato il ruolo di direttrice avevo pochissima esperienza, esattamente la condizione di ogni madre. All'inizio ho finto competenze che non possedevo, ho preso decisioni per le quali non avevo abbastanza elementi, ho mimato convinzione lì dove non avevo idea di come comportarmi. Ben presto ho capito che in quel modo non arrivavo da nessuna parte. Io non miglioravo, non imparavo. E la squadra non riusciva a fidarsi di me. Così, piano piano, errore dopo errore, redazione dopo redazione, ho capito che non potevo scambiare la responsabilità per l'onniscienza. Ammettere ciò che non sapevo, chiedere aiuto non mi avrebbe fatto perdere neppure un punto di leadership, ma al contrario avrebbe convoglia-

[1] A questo proposito, consiglio la lettura di Andrea Vitullo e Riccarda Zezza, *Maam. La maternità è un master che rende più forti uomini e donne*, Bur, Milano 2014.

to attorno a me le energie migliori. Avrei smesso di essere uno e avrei potuto far mia la forza del gruppo.

E così, ho pensato, succederà anche a casa. Non smetteranno di fidarsi di noi solo perché ci esporremo in tutta la fallibilità di essere umani. Perché ammetteremo di aver alzato la voce a sproposito o confesseremo di non avere idea di come uscire da una certa situazione. Nella nostra vita di viaggiatori pasticcioni ci è capitato di correre forsennati per cercare di prendere un volo aereo che poi abbiamo perso. Di salire su un taxi che ci ha scaricato da tutt'altra parte rispetto a ciò che avevamo chiesto e senza alcun mezzo per tornare indietro. E di ritrovarci per le vie di una città con in tasca unicamente un mazzetto di banconote false.

In tutte queste vicende non abbiamo mai dissimulato la paura, la delusione, l'errore. Abbiamo chiesto aiuto agli altri e talvolta anche a loro. Eppure non hanno smesso per un attimo di affidare a noi le loro vite con fiducia. Anzi, lo hanno fatto sempre di più, perché capivano che la sincerità sui nostri limiti era la migliore cintura di sicurezza su cui potessero contare. Anche adesso, mentre faticosamente entriamo nella città di Fiume e cerchiamo parcheggio, nei loro occhi non c'è un filo di preoccupazione, solo la soddisfazione di essere finalmente arrivate a destinazione. Per questa volta.

Il mio timore è un altro.

La strada per diventare donna, oggi, si dipana lungo una cresta sottile. Da un lato, la voragine della mancanza di autostima, problema storico del genere femminile. Che è una forma di accettazione dei propri limiti, ma che porta a vedere nel fallimento un destino ineluttabile, non una rampa di lancio per migliorare. Dall'altro lato, la voragine della Wonder Woman. La superdonna, colei che vive la fiducia nelle sue infinite possibilità come una sorta di epopea del riscatto del genere femminile. Ma che rischia di trasformare l'eccessiva sicurezza in una forma di debolezza. In un'incapacità di gestire l'errore.

Mi domando come insegnarvi a restare sulla cresta. Sottolineare le manchevolezze potrebbe indebolire la vostra autostima. Mentre celebrare solo le vittorie, i risultati, le conquiste potrebbe farvi crescere nell'illusione dei superpoteri. *La lezione numero dieci è: celebrate i vostri fallimenti.* L'umiltà non è una brutta malattia del genere femminile, non è necessariamente mancanza di sicurezza in voi stesse o poca autostima. Ma la serena convinzione che si possa sempre continuare a imparare. Da tutti. E soprattutto dai propri errori.

Mentre esploriamo piene di curiosità la nostra stanza all'ultimo piano di un antico palazzo sul Korzo di Fiume, dove ci siamo arrampicate scalando gradoni più alti di noi, penso che il problema non sia tanto censurarsi sui propri limiti, quanto rivestirli di normalità. Non rimanere inchiodati a essi.

Il mio limite di avere poco senso di orientamento diventa veramente tale quando mi blocca, mi inibisce dal partire e dal tentare di migliorarmi. Invece l'ho già superato mettendomi in viaggio, spinta dal desiderio. Ma questo non toglie che dovrò confrontarmi con esso per tutta la durata dell'avventura.

Lezione numero undici: riconoscete i vostri limiti, ma non fatevi determinare da essi. Sfidateli di continuo. Chiedete aiuto agli altri per riuscirci. E coltivate l'ottimismo. Che altro non è se non la serena fiducia che tutto andrà per il meglio. Un atteggiamento mentale che ci spiana la strada a essere vincenti ma che, al tempo stesso, rafforza gli ammortizzatori in caso di insuccesso.

6

Ed eccoci di fronte allo specchio della nostra mansarda. Io e la Novenne, già pronte, assistiamo al terzo tentativo della Seienne di farsi una treccia. All'ultimo passaggio, l'uscita di un ciuffo dall'elastico le provoca una reazione di stizza, con successivo disfacimento dell'acconciatura e avvio di un nuovo tentativo.

«Non fare la fanatica» le dice la Novenne, pronunciando consapevolmente l'unica parola capace di staccarla dallo specchio, nel quale si perderebbe per ore a guardarsi, parlarsi e studiare smorfie. Ma "fanatica" no, guai a darle della fanatica. Salta al collo della Novenne, la riempie di pizzicotti in tutto il corpo e intanto i capelli di entrambe, nella lotta senza quartiere sul letto, si disfano.

"Fanatica" è la parola chiave che le risveglia dall'ipnosi dello specchio. È un codice nato tra loro. Probabilmente durante i lunghi soggiorni estivi a casa dei nonni, in Puglia, dove hanno incontrato, osservato, studiato un prototipo femminile completamente diverso da me: mia madre.

Mia madre è quel genere di donna che farebbe aprire un parrucchiere nel Paese dei Calvi pur di non mancare il suo appuntamento settimanale. Mette il rossetto anche quando esce per zappettare le aiuole del giardino. E sfoggia abiti colorati e bigiotterie appariscenti in ogni stagione dell'anno. La bellezza, per mia madre, è ordine. "Mettiti in ordine" è l'imperativo-raccomandazione che mi ha rincorso dall'infanzia all'adolescenza, fino ai primi passi nella vita adulta e tutt'ora mi pare di udirlo quando esco scapigliata in tutta fretta per andare al lavoro. Durante le settimane di vacanza che le mie figlie trascorrono da lei, la galleria di scatti condivisi su WhatsApp mostra due bambine che sorridono composte, dentro vestitini lindi e stirati, con i capelli perfettamente pettinati e decorati da improbabili fermagli che mi sembra di riconoscere, benché non mostrino affatto i segni del tempo se non nel loro essere fuori moda: "Se le conservi bene, le cose durano" recitano le didascalie invisibili di quelle immagini. Quando tornano a casa da questi lunghi soggiorni hanno in genere un nuovo taglio di capelli, uno smalto sulle unghie e, una volta, perfino i buchi alle orecchie.

Hanno cominciato quasi subito a prendere in giro mia madre, non appena alla capacità di parola hanno aggiunto quella dello humour. La chiamano "nonna fanatica" e fanno la parodia di ogni suo gesto o espressione. Mia madre finge di arrabbiarsi ma va avanti per la sua strada, convinta della sua suprema verità: la bellezza è un dovere degli esseri umani nei confronti di se stessi e del prossimo. Per completezza di informazione: mio padre frequenta il parrucchiere tanto quanto lei l'estetista. Si sbarba rigorosamente ogni mattina. E ha un guardaroba per ogni attività: la campagna, il tempo libero, le feste comandate. "Mettiti in ordine", nella mia famiglia, non è solo un comandamento per donne.

Il fascino che rossetti e fermagli esercitano sulle bambine, ha fatto sì che la presa in giro delle mie figlie nei confronti di mia madre viaggiasse di pari passo alla segreta ammirazione, al desiderio di provare quegli smalti colorati, al gusto di vestirsi bene. Piaceri ritenuti inconfessabili, forse perché lontani dal modello di donna rappresentato da me, ma goduti alla prima occasione. Fin quando, almeno, non arriva quella parola, "fanatica", e si risvegliano, tornano in sé, in ciò che hanno deciso di dover essere, piene di vergogna per aver ceduto a quella lusinga, per essersi concesse quel momento di frivolezza.

Non ho fatto nulla perché ciò accadesse. Credo sia nell'ordine delle cose. Io sono la loro madre: nella quotidianità non mi trucco, indosso sneakers e pantaloni comodi. La vita pubblica e gli eventi mi portano ad avere qualche bell'abito nel guardaroba e ogni tanto il lusso di una truccatrice che mi cambia i lineamenti a furia di accanirsi sul mio viso. Ma la foga con cui rimuovo il trucco a colpi di dischetti di cotone e tiro via l'abito elegante e le scarpe alte non appena metto piede in casa, non lascia spazio a equivoci sulla mia idea di bellezza. E loro sono ancora troppo piccole e desiderose di compiacermi per sposare appieno la controidea incarnata da mia madre, che si costringono a criticare pubblicamente e a desiderare segretamente.

Io, intanto, cerco di non aggiungere parole ai fatti. Le condiziono già così tanto con il mio modo di essere che non vorrei confonderle ulteriormente. Le lascio perdersi nelle brame dello specchio, seducente e pericoloso persino nelle favole. Le lascio andare ai pigiama party in cui si metteranno lo smalto e si truccheranno con le loro amichette. Le lascio acconciarsi nella loro cameretta e giocare alle sfilate di moda.

C'è una fase, nella vita di ogni donna, in cui la bellezza è un gioco. La lezione numero dodici non è impedirvi di giocarci. Ma far sì che continuiate a farlo anche da grandi.

Non esiste un corrispettivo maschile a questi giochi femminili. Nessuno ha mai brevettato il kit del culturista o del piccolo barbiere. E c'è chi addita in tali passatempi uno dei peggiori condizionamenti subiti dalle bambine. Quasi un disegno ben preciso finalizzato alla sottomissione del genere femminile, al suo mantenimento in uno stato di decerebrato culto del corpo e dell'apparire. Il lavaggio del cervello verrebbe completato da tutti quei giochi che inchiodano le bambine fin dalla più tenera età agli stereotipi di genere: la maternità, l'accudimento, i lavori domestici.

Io stessa ho tremato quando nella mia casa, attraverso il

canale incontrollato dei regali di compleanno, hanno iniziato a piovere Barbie, make-up, spazzole e specchi, scope e palette. La censura non funziona in assenza di un regime totalitario. E nessun genitore contemporaneo è più in grado di mimare una qualsivoglia dittatura educativa. Per fortuna, osservando giocare i propri figli, si scopre presto ciò che l'educatrice inglese Victoria Ralfs spiega molto bene: "Nessun gioco e di certo nessuna marca o sfumatura di magenta ostacolerà le storie che vuole raccontare e le immagini che vuole dipingere".[1] Il punto non è censurare una tipologia di gioco, ma aprirsi a tutte le altre. Non condurre crociate contro qualcosa, ma allargare i loro orizzonti. Le due fanciulle che adesso, come perfette smorfiose, si contendono lo specchio, hanno chiesto e ottenuto da Babbo Natale una pista per le automobili, un elicottero radiocomandato, un microscopio, uno skateboard, una penna 3D e infiniti Lego, non necessariamente in versione femminile.

A proposito, una volta la Novenne mi ha fatto notare al supermercato un maschietto che contemplava con occhi pieni di desiderio una scatola di Lego-da-femmine. «Poverino» mi ha detto. «Sua mamma non glieli comprerà mai.» Acuta osservazione. Oggi sono i maschi a subire maggiormente la limitazione delle prospettive, la restrizione degli orizzonti. Sono loro che, verosimilmente, non riceveranno mai in regalo una bambola, un passeggino e dei trucchi, benché ci siano fasi dell'infanzia in cui, lasciati liberi di farlo, ci giocherebbero più che volentieri.

Conosco una mamma che è riuscita dove io ho fortunatamente fallito: impedire che le Barbie entrassero in casa sua. Ogni giorno quella madre sperimenta la frustrazione di non riuscire a impedire che sua figlia ci giochi nelle case delle amiche e le desideri ardentemente. Sarebbe successo se non avesse stabilito quel rigido bando?

[1] Allison Vale e Victoria Ralfs, *Come crescere bambine ribelli e bambini illuminati*, Sperling & Kupfer, Milano 2017.

È che a volte, nel tentativo di educare bene, imponiamo una diversità ai nostri figli che diventa una gabbia. Cercando di proteggerli da quelli che riteniamo cattivi condizionamenti, finiamo per condizionarli ancora di più. La sfida, difficile ma entusiasmante, è crescerli forti e sicuri di sé, capaci di costruirsi un'identità come sintesi unica e irripetibile di tutti i condizionamenti, reinterpretati alla luce della propria personalità.

7

Vagando senza meta tra le stradine del centro di Fiume, ci troviamo ai piedi di una lunga scalinata di pietra. Il viavai di gente che sale e scende solletica la nostra curiosità. Così ci inerpichiamo su per i gradoni, cercando di intuire, dai volti che incrociamo, la destinazione di quello strano sentiero cittadino. Man mano che saliamo di quota, margherite selvatiche ed erbe aromatiche conquistano terreno, colonizzando ogni frattura e interstizio tra le pietre. Non ne siamo ancora consapevoli, ma abbiamo intrapreso la lunga salita verso il castello di Tersatto, in cima alla collina che domina la città, lungo la scalinata che fu costruita nel Cinquecento per i fedeli che si recavano all'omonima chiesa. Rivoli di sudore cominciano a scendere dalla nostra fronte. Ma di tornare indietro non se ne parla. Per fortuna, di quando in quando, una panchina posta di fronte a una cappella destinata ai pellegrini ci permette di riprendere fiato. E guardare lontano.

È quel particolare momento della giornata in cui l'azzurro del cielo gareggia col rosso infuocato del sole, producendo sfumature che sembrano appartenere più alla categoria dell'immaginazione che della realtà. La città pare ormai lontana, con le sue ciminiere di mattoni rossi incendiati dal sole. Il mare è immobile, una lastra di metallo argentato su cui le grandi navi scivolano silenziose.

Ci perdiamo in questa bellezza.

C'è stato un tempo in cui le mie figlie erano totalmente indifferenti al paesaggio. Quando la Novenne aveva un anno, attraversammo le pianure sconfinate dell'Islanda: ogni invito ad abbracciare quell'immensità si perdeva nel suo concentrarsi sul dettaglio di un cavallo. L'anno dopo, navigammo lungo il Mississippi, e mentre la canoa si divincolava tra canne di bambù e alberi sommersi, il suo sguardo era puntato sulla superficie dell'acqua nella speranza di sorprendervi gli occhi guardinghi di un coccodrillo.

Non abbiamo mai viaggiato con l'intento di costruire una galleria di ricordi consapevoli nelle nostre figlie, però scoprirle incapaci di guardare oltre il loro naso era una frustrazione troppo grande da gestire, persino per noi. Poi, all'improvviso, il cambiamento. È come se a furia di guardare la Bellezza abbiano imparato a riconoscerla. Oggi, viaggiando, la Novenne mi fa sobbalzare quando la natura si compone in forme particolari: "Mamma, guarda, è il posto più bello del mondo" mi comunica con urgenza. Ciò che ero solita fare io, senza alcun successo, adesso lo fa lei: segnalare la Bellezza.

Tanta parte dell'educazione impartita nelle scuole e nelle famiglie è orientata alla Bellezza. Insegniamo ai ragazzi a vederla nell'arte, nella natura, a sentirla nella musica. Man mano che cresceranno, studieranno le formule matematiche che sembrano nascondersi dietro le proporzioni dei più grandi capolavori artistici. Eppure, quando si passa all'immagine riflessa nello specchio, perdiamo la bussola, il messaggio diventa confuso, incerto. Da una parte ci sono eserciti di mamme che vivono nel culto della bellezza delle proprie figlie. Che la congelano in decine di scatti per i quali le bambine hanno già imparato le pose strappa like. Che cercano conferme di questa bellezza iscrivendole ai casting per baby modelle. E che la monetizzano, non appena iniziano a piovere ingaggi.[1]

[1] È illuminante, a questo proposito, il saggio inchiesta di Flavia Piccinni, *Bellissime: Baby miss, giovani modelli e aspiranti lolite*, Fandango, Roma 2017.

Dall'altra parte ci sono le mamme che hanno smesso di dire "quanto sei bella" alle proprie figlie. Che saltano al collo al primo che si azzarda a farlo. E per le quali lo sviluppo di intelligenza, coraggio, impegno e ambizione passa per la totale indifferenza all'estetica.

E così il gioco della bellezza, o smette di essere tale perché gli adulti se ne impossessano e lo trasformano in un dovere, una competizione, un lavoro. Oppure diventa gioco proibito, da fare quando mamma non se ne accorge.

Nel mezzo, tra questi poli opposti della maternità, ci siamo noi, che assistiamo inermi a quel sezionarsi allo specchio, a quel conoscere millimetro per millimetro il loro corpo, a quell'accorgersi della comparsa di un nuovo neo. Che ci chiediamo cosa abbiamo fatto perché le nostre figlie siano così attratte dalla loro immagine. E speriamo che, in tutto quel guardarsi, sviluppino almeno il gusto per l'ordine e la pulizia, unico requisito di bellezza che chiediamo loro, come forma di rispetto per gli individui e le istituzioni che incroceranno nella loro giornata. Ma ben presto ci arrendiamo all'evidenza che, benché lo standard di ordine che esigiamo sia notevolmente più basso rispetto a quello richiesto dalle nostre madri, esso non rientra tra gli obiettivi di quelle appassionanti esplorazioni allo specchio.

Elena Gianini Belotti, nel 1973, diceva che fin da piccole "le bambine hanno già imparato a ritirare parte delle loro energie e dei loro interessi dalla realtà esterna per concentrarli sugli aspetti esteriori della propria persona, perché hanno già appreso quanto l'aspetto, la bellezza siano importanti per il loro sesso".[2] In realtà, se non subentra il condizionamento di un genitore circa la necessità e il bisogno di piacere, il senso della bellezza per le bambine è totalmente estraneo alla sua utilità. Non hanno idea di cosa farsene dell'immagine riflessa nello specchio se non esplorarla come fosse un'isola disabitata da colonizzare.

[2] Elena Gianini Belotti, *Dalla parte delle bambine*, Feltrinelli, Milano 1973.

D'altra parte, senza quelle preziose esplorazioni, come potrebbero imparare la *lezione numero tredici, e cioè che la bellezza non è perfezione ma verità*?[3] Dove la parola verità non allude all'idea di bellezza naturale che è tanto di moda adesso. Mentre scrivo, Zadie Smith ha appena dichiarato che insegnerà a sua figlia a non truccarsi, Alicia Keys ha già lanciato da qualche anno la campagna #nomakeup e le star francesi marciano all'inno di "être blank", tradotto: niente piercing o tattoo. Eppure io, che mi trucco di rado, so benissimo che quella di non truccarsi è una precisa scelta di bellezza, un canone estetico tanto quanto gli altri. E non vorrei mai che le mie figlie inseguissero un canone o uno slogan stabilito da chicchessia.

La bellezza-verità è una performance: la messa in scena di sé più vicina a quello che siamo profondamente. Ci vediamo belle quando ciò che è dentro è anche fuori. Quando ciò che siamo appare magicamente riflesso nello specchio. Quando la nostra personalità, le nostre passioni ed emozioni trovano la strada per emergere in superficie, avvolgendoci della polverina magica del fascino, che è il mistero dietro la bellezza. Quello che le nostre figlie dovrebbero inseguire nello specchio, con o senza l'ausilio del make-up, non è la vicinanza o lontananza da un particolare modello, ma la messa in scena migliore della propria autenticità.

Quando ci riescono, dico loro: "Sei bellissima". Ebbene sì, lo faccio. Perché alle bambine si dice bella e ai maschietti bravo? Io dico anche il resto. Ma quando vedo la bellezza-verità non riesco a non catturarla.

[3] Ho "rubato" queste parole alla giornalista Raffaella Silipo, che in un articolo ha indagato *Il mistero della bellezza perfetta*, in "La Stampa", 23 agosto 2017.

8

La partenza di buonora l'indomani mattina viene concordata dopo lunghe trattative e una promessa: riascoltare l'esilarante *Trattamento Ridarelli* di Roddy Doyle, uno dei loro libri preferiti. La mia descrizione della meta, i laghi di Plitvice, un labirinto di boschi e cascate, da attraversare su passerelle di legno, non è stata sufficiente a motivarle al viaggio. Ma tutte le mie facoltà intellettive sono convogliate sull'interpretazione del navigatore e non riesco a fare di meglio. Per fortuna, la voce di Neri Marcorè che racconta la storia di papà Mack – professione assaggiatore di biscotti, tratti particolari: sbagliare ma saper chiedere scusa – le distrae per metà viaggio.

L'altra metà è per le domande.

«Mamma, perché non fate un altro bambino?» la Novenne rispolvera il tormentone degli ultimi mesi.

«Non sono argomenti che ho voglia di trattare con voi, lo sai» taglio corto.

«Sì, ma purché sia una femminuccia» interviene la Seienne. «Noi, maschi non ne vogliamo...»

Poi ci pensa su e dice: «Forse papà un maschietto lo vorrebbe, però...».

«E perché mai?» le chiedo.

«Per vedere assieme le gare di moto e di auto, le partite di calcio...»

«Ma ci sei tu che le vedi con lui! Non ti cambierebbe per nessun maschietto al mondo.»

«Sì, però a me non piacciono veramente» confessa, salvo pentirsi subito dopo averlo fatto, quando si accorge di avere addosso quattro occhi che la perforano.

«Quindi a papà dici una bugia?» le chiede severamente la sorella.

«Be', no» ridacchia imbarazzata. «Vederle con papà mi piace davvero.»

«Ah, ecco» intervengo con sollievo. «Se anche non ti piacerebbe guardare una partita di pallone da sola, non importa. Ciò che conta è che provi piacere a guardarle con Lui. A volte penso che sia lo stesso per papà: ora che può vedere lo sport con te, non prova più gusto a farlo da solo.»

Mi perdo un attimo a passare in rassegna, con non poco sgomento, tutte le cose che probabilmente fanno per accontentare il papà. Arrampicarsi sugli alberi, tuffarsi dagli scogli alti, scalare pareti di roccia, lanciarsi a rotta di collo con le bici da cross sulle montagnette, sciare fuoripista, farsi il bagno in ogni specchio d'acqua, incuranti che ci siano coccodrilli o lontre in agguato, guardare documentari invece che cartoni animati.

Che sia il momento di trasmettere la *lezione numero quattordici: mai fare qualcosa solo per compiacere un uomo*? Ma mi mordo la lingua in tempo. Qui stiamo parlando di lezioni di volo. Dell'opportunità straordinaria di avere un padre che le tratta senza far conto del loro sesso. Come non ripagarlo con la moneta dell'entusiasmo e della fiducia a ogni sua proposta? Dirgli di sì equivale a piegarsi e ad accontentarlo o a farsi aprire da lui mondi spesso preclusi al genere femminile? Certo, la Seienne non tornerà facilmente sulle bici da cross dopo essersi schiantata al primo lancio. E forse la Novenne smetterà per un po' con i tuffi acrobatici, dopo la botta alla schiena. Ma entrambe stanno imparando che i maschi "non sono la fazione contraria", che "non hanno bisogno di perdere il tempo ad attaccarli" e a invidiarli. E lo dico parafrasando Virginia Woolf, che in *Una stanza tutta per sé* si interrogava su cosa avesse di speciale la scrittrice Mary Carmichael, sua contemporanea immaginaria, rispetto a una Jane Austen di cui non possedeva nemmeno un briciolo del talento. "Scriveva come una donna, ma come una donna che si è dimenticata di essere donna; sicché le sue pagine erano piene di quella curiosa qualità sessuale che appare soltanto quando il sesso non è consapevole di se stesso."

Eccola qui la *lezione numero quindici: vivete come donne che si sono dimenticate di essere donne. E approfittate di ogni uomo o donna che vi spingerà a farlo.*

Mio padre, figlio di contadini, era fuggito al suo destino grazie a un talento raro per i numeri. Il destino non sarebbe stato la campagna ma il Posto Fisso. Quelli della sua generazione non vedevano nell'agricoltura margini di mobilità sociale, e pur di non fare la vita dei loro padri – braccianti nei campi altrui di giorno, padroni nei propri campi all'imbrunire – ambivano a impallidire e a ingrassare dietro le polverose scrivanie di un impiego pubblico. Un giorno, un Professore bussò alla porta di mio nonno e gli spiegò che suo figlio, appena diplomato geometra, doveva andare all'università. E così tutta la famiglia, lusingata dalle parole del Professore, si proiettò su quell'obiettivo. Mio padre studiò Ingegneria ed entrò anche lui nel mondo dei colletti bianchi, ma dal portone trionfale del Laureato. Tempo dopo, compiendo in una vita sola ciò per cui in genere occorrono più generazioni, tornò alla campagna perché ne udì il richiamo e ne intuì le potenzialità. Mise su una piccola azienda agricola e divenne presto l'ingegnere che produceva ciliegie.

Incurante del nostro sesso, mio padre trasmise a me e a mia sorella la sua passione per i numeri. Mai una volta, nelle conversazioni familiari, si è insinuato il dubbio che Ingegneria non fosse una facoltà per donne. O che le donne non fossero portate per la matematica. Tutti stereotipi che ho appreso da grande, ma che venivano completamente ignorati in quella famiglia di femministi inconsapevoli. Non c'era niente che io e mia sorella non potessimo fare: mio padre lo esprimeva con ogni parola e con ogni pensiero. E forse è stata la voglia di compiacerlo, la stessa che scopro nelle mie figlie, a spingermi verso il liceo scientifico. Ma, ripeto, compiacere chi non ci tratta da femmine non può che aprirci universi nuovi. L'importante è accorgersi per tempo della propria scintilla. Saperla riconoscere in mezzo a tutti i condizionamenti che riceviamo. E così, la grande delusione per mio padre venne quando mi iscrissi alla facoltà di Lettere. Ma era una delusione pregna di orgoglio e di sorpresa nel riconoscere in me talenti a lui ignoti. Ben presto mi incamminai per la strada che avevo intercettato agli ultimi anni del liceo: il giornalismo. E la fiducia e l'orgoglio di mio padre continuano ancora adesso ad alimentare la mia autostima.

Anni dopo, in un momento molto delicato della mia vita, quando i presunti limiti dell'essere donna mi erano più chiari, fu un altro uomo a rimetterli in discussione.

Avevo 32 anni, mi era appena stato offerto un salto di carriera importante, la direzione dell'edizione italiana di una rivista internazionale, e pochi giorni dopo avevo scoperto di essere incinta. Il mio secondo figlio era troppo desiderato perché la perdita di un'opportunità di carriera costituisse un reale problema. Così misi sul tavolo la questione in assoluta serenità: se l'offerta fosse stata ritirata, l'avrei capito.

Mi trovai davanti un uomo, un capo d'azienda, che non capiva dove fosse il problema. "Certo" mi disse "c'è solo da sperare che fili tutto liscio, ma in generale non vedo quale impedimento possa costituire la gravidanza." La serenità e la sicurezza con cui mi parlava, la fiducia che aveva in me, hanno di colpo riaperto i miei orizzonti. Perché io pensavo di non riuscire a portare avanti una nuova gravidanza e la direzione di un giornale contemporaneamente, mentre lui sì? Quand'è che avevo iniziato a vivere da donna sentendomi una donna? Era lui che, da uomo, non capiva cosa significasse far crescere una vita dentro di sé e avviarla per le strade del mondo? O ero io che, da donna, avevo visualizzato la mia carriera lavorativa come una corsa a ostacoli, prima ancora che un solo ostacolo si presentasse?

Quell'uomo di mezza età, che "non vedeva dove fosse il problema", mi stava restituendo alla normalità, alla naturalità di fare un figlio.

E mi stava insegnando anche qualcosa di importante sul mio lavoro. Il mio modo di essere capo, fino a quel momento, si era misurato sul fare, risolvere, produrre. Ero il capo perché lavoravo più degli altri. Il mio valore si misurava sulla quantità, non sul pensiero. Invece lui non aveva bisogno del mio fare, evidentemente inibito da una gravidanza, ma del mio pensare, disegnare una strada e mettere il gruppo nelle condizioni di percorrerla. Durante quei mesi ho imparato molto di più sul mio lavoro che negli anni precedenti. E ho posto le basi per ciò che sono diventata poi. E tutto grazie a un uomo che non mi ha trattato da donna.

9

Arrivati ai laghi di Plitvice, la lunga coda per comprare i biglietti e il breve tratto in autobus per raggiungere il punto di partenza del sentiero gettano le due in un cupo umor nero, solo in parte ammansito dalla stecca di cioccolata alla lavanda e dal bicchierino di more con cui cerco di comprare i loro sorrisi. Ma non appena ci incamminiamo tra i sentieri, i ponti e le passerelle di questi laghi troppo turchesi per essere veri, la giornata svolta al bello. Il sole fuori e il sole dentro. Ci perdiamo nell'esplorazione delle mille cascate e nell'osservazione dei pesci, che sembrano librarsi nell'aria, tanto ferma e trasparente è l'acqua. «Mamma, questi laghi sono colorati con i filtri di Instagram» osserva la Novenne. Incasso la metafora e mi consolo pensando che è un modo come un altro di segnalare la Bellezza.

Dopo la prima ora di cammino, l'obbligatorietà del percorso spinge la piccola a cercare un diversivo.

«Vi racconto una storia» annuncia.

Il finto terrore che si disegna nei nostri occhi è il via libera che aspettava.

Inizia così a inventare e a narrare di due bambini che un giorno si svegliano e non trovano più i genitori. Escono di casa per cercarli e si avventurano in un luogo magico, che nella sua descrizione assomiglia a quello che stiamo attraversando, con le dovute deformazioni: erba turchese, pesci volanti, cascate di ghiaccio. Genitori e figli, per tutto il corso del racconto, arrivano vicini senza mai incontrarsi. Quando si trovano gli uni di fronte agli altri, non si riconoscono e continuano a cercarsi, fino alla morte tragica di tutti i protagonisti.

I racconti della Seienne seguono canovacci fissi. Di fatto narra sempre le stesse storie, ma il luogo in cui siamo e le esperienze che stiamo vivendo contaminano la trama, facendola apparire nuova all'ascoltatore disattento. Se le parole non le arrivano in tempo per la frase successiva, pur di non perdere il pathos e l'attenzione del pubblico, pronuncia termini inventati mantenendo l'intonazione e l'atmosfera che ha creato. Intanto cerca un filo logico per la sua storia. Ecco, la logica è la prima cosa che, dopo poco, viene a perdersi, ma è lì che i suoi racconti diventano capolavori dell'assurdo.

Queste storie possono durare ore, se le circostanze lo permettono. Ce ne siamo accorti in Nepal, quando l'occupazione principale di ogni nostra giornata era camminare. E conoscendo la capacità della piccola di entrare in trance snocciolando racconti, vi ricorrevamo spesso, badando a non interromperla. La fatica aumentava se al cammino e all'aria rarefatta dei 4000 metri si aggiungeva l'ossigeno bruciato nel parlare, ma lei non se ne accorgeva. È lì che ho scoperto le incredibili potenzialità fisiche dei bambini, quando la loro testa è felicemente indaffarata.

Anni fa stilammo un elenco di regole condivise, una sorta di tavole della legge familiare, vergate solennemente dentro fumetti magnetici attaccati al forno. Ciascuno di noi poteva proporre regole pensate su misura per gli altri. A me, per esempio, era ispirata "Non fate cose brutte con l'auto", perché era opinione comune che le innumerevoli multe che piovevano in casa fossero dovute a una guida eccessivamente spavalda e non a un serio problema di orientamento. A Lui, invece, era dedicata la regola "Non prendetevela con le pentole": essendo mancino, e dal risveglio rabbioso, era solito accanirsi contro il pentolino del latte, uno dei tanti oggetti che, se li reggi con la sinistra, ti ritrovi il beccuccio dal lato sbagliato. La regola "Trasformate i capricci in racconti" l'avevo stabilita io pensando alle bambine. Mi ero accorta che le loro crisi di rabbia, i loro piedi pestati in terra nascevano dalla percezione di una frustrazione: nel momento in cui le costringevo a raccontarla, si ammansiva, si stemperava, si autocurava. Da lì il metodo infallibile tradotto in regola.

L'età dei capricci era passata per lasciare il posto all'età delle tristezze improvvise. Il metodo non funzionava più. Chiedere a un bambino di raccontare una tristezza è come chiedere a un prestigiatore di svelare i suoi trucchi. Le paure, le sofferenze, le prime prese in giro rimanevano chiuse dietro la porta di due occhi tristi, persi a fissare un punto lontano. Mi ero ormai arresa alla fine dell'epoca felice in cui il racconto era terapeutico, che la Seienne ha iniziato a inventare le sue storie.

I primi tempi non ho fatto caso alle trame. Ho pensato che fosse la sua reazione a una sorella che cominciava a farsi rapire da appassionanti romanzi d'avventura mentre lei ancora non sapeva leggere. Poi una mia amica mi ha spinto a riflettere sul contenuto di quei racconti: vi ho scovato le sue paure, le sue fissazioni, le sue domande. In viaggio, per esempio, narra spesso di genitori e figli che si perdono senza ritrovarsi. Credo che lo faccia per esorcizzare un timore che si risveglia ogni volta che partiamo, ma che è anche un ricordo vero e doloroso: quella volta in cui si è smarrita in mezzo alla folla, migliaia di persone che non parlavano la sua lingua, migliaia di volti che osservava attraverso il filtro denso delle lacrime ma in cui non riconosceva il nostro. Un trauma che noi stessi rielaboriamo raccontandolo di continuo, con sempre maggiori dettagli, quasi a volerlo tener vivo a tutti i costi, come monito affinché non accada più.

La lezione numero sedici, dunque, l'avete insegnata voi a me, ed è l'aggiornamento di quella regola scritta sulla calamita: trasformate le vostre paure e i vostri dolori in racconti.

Le storie mostrano "l'accaduto, facendolo riaccadere, ma come un'esperienza ormai perdonata dal tempo. Il dolore così narrato potrà far anche arrivare lacrime agli occhi, ma sarà una purificazione che permetterà al dolore stesso di essere elaborato, usato per rafforzarsi". Queste parole sono di Marco Baliani, maestro del racconto orale, che ha scritto un libro per svelare il potere di quell'atto istintivo, vecchio quanto l'uomo, che è il narrare.[1]

Chiedere ai bambini di raccontare non significa pretendere una narrazione cronologica e veritiera, ma consegnare loro un lasciapassare per l'invenzione. Accettare che un aneddoto venga ripetuto infinite volte. E che, giorno dopo giorno, invece di impoverirsi di dettagli ne conquisti altri aggiunti dall'immaginazione. Permettere loro di curare le proprie ferite e le proprie paure senza doverle necessariamente mostrare.

Da quando ho scoperto la capacità terapeutica del racconto, non chiedo più: "Com'è andata oggi?", "Cosa avete fatto?", "Com'è la nuova maestra di matematica?". Ma creo le condizioni perché il racconto sgorghi spontaneo, costruendo un'atmosfera di ascolto e talvolta iniziando per prima a narrare, con tono affabulatorio e iperbolico, un aneddoto minimo della mia giornata, ma che si presta allo scopo. Ed ecco che arriva l'imitazione della nuova maestra di matematica, la schematizzazione del gioco fatto in palestra, la teatralizzazione dell'ennesima lite con l'amica del cuore. Le due sorelle si contendono la scena, ma partecipano divertite al racconto dell'altra. Nascono così vere e proprie saghe a puntate, aggiornate cena dopo cena e seguite appassionatamente da ciascun membro della famiglia. Trasformati in materiale narrativo, gli

[1] Marco Baliani, *Ogni volta che si racconta una storia*, Laterza, Bari-Roma 2017.

insuccessi si stemperano e i successi si ridimensionano. A risultare complessa è la separazione del vero dal falso. La realtà dalla sua percezione. Ma ben presto si scopre che i fatti non contano tanto quanto la scia emotiva che lasciano al loro passaggio.

C'è una sola attività che può competere con il raccontare: ascoltare le storie di quando loro non c'erano o erano troppo piccole per ricordare. Ancora una volta, quello che ci chiedono non sono storie documentate, ma epopee. E se la nostra povertà di immaginazione, o eccessiva fedeltà ai fatti, ci impedisce di aggiungere dettagli fantasiosi, che per lo meno l'ardore narrativo tolga realismo al racconto. Ti accorgi di aver fatto bene quando ti chiedono: ma è una storia vera? Significa che sei stato sufficientemente epico da confonderle, ma il dubbio in cui le hai gettate non inficia il racconto, anzi, lo esalta.

Per loro è epica la storia di me e di mia sorella bambine, che nel segreto della nostra stanza ci tagliamo i capelli l'un l'altra per regalare una nuova parrucca alla nostra bambola. È epica la storia di nonno Michele e della sua banda di teppisti che rubano le mandorle e le nascondono sotto una pietra. Poi si danno appuntamento nel pomeriggio per recuperare il bottino e venderlo, ma nonno Michele precede i propri compagni, tenendo il ricavato tutto per sé. È epica la storia di nonno Werner, nato ad Alessandria d'Egitto perché lì suo padre, rampollo tedesco, era stato esiliato dalla famiglia d'origine per aver sposato la sua domestica italiana: ed ecco spiegato il quarto di sangue tedesco che scorre nelle vene di papà.

Anche i nostri viaggi stanno diventando un piccolo romanzo familiare che scriviamo tutti assieme, capitolo dopo capitolo, e stampiamo solo a uso e consumo dei parenti. In questo diario corale le cose veramente successe si mescolano a quelle immaginate. Dettagli insignificanti occupano pagine intere, mentre fatti cruciali sono licenziati in poche righe.

La lezione numero diciassette è proprio questa: conservate e tramandate l'epopea familiare, ossia l'insieme delle storie che vi lasciamo in eredità e di quelle che tocca a voi rendere eterne.

Tutto ciò costruisce, parola dopo parola, la vostra identità. Un filo sottile che arriva da molto lontano e al quale tenervi aggrappate quando le turbolenze della vita vi privano del vostro equilibrio.

10

Consumate da cinque ore di cammino, le piccole dormono profondamente mentre io guido alla volta di Zara. Il pensiero, rinvigorito dal silenzio, torna alla conversazione dell'andata su figli maschi e figlie femmine.

Quando rimasi incinta, il nome del nascituro era uno degli argomenti ricorrenti durante le cene con gli amici. "Se sarà maschio lo chiameremo Arturo" dicevo, sollevando proteste e approvazioni. Un corrispettivo al femminile non c'era: ero certa di avere in grembo una bambina e temevo di sottoporre al giudizio altrui il nome che iniziava a formarsi nell'intimità della discussione con Lui.

La mia segreta convinzione non corrispondeva a un desiderio, ma a una constatazione: per quanto cercassi di ricordare, nella mia famiglia non c'erano state altro che femmine. Quel dato di fatto non era motivo di preoccupazione. Non mi sono mai posta il problema di come crescere una figlia femmina. Giunti alla mia generazione, oltre a essere un destino inesorabile, il nostro fare figlie femmine era una bandiera che sventolava con orgoglio, una vera e propria fortuna.

Non è sempre stato così. Quarant'anni fa Elena Gianini Belotti raccontava che "innumerevoli sono le donne che, alla nascita di una femmina, hanno sopportato l'umiliazione di sentirsi rinfacciare l'incapacità di generare figli maschi".[1] La mia bisnonna era una di queste. Si chiamava Elisabetta, detta Bettina, come mia madre, e un'infinita serie di cugine di mia madre. Generò, una dopo l'altra, a cavallo della prima guerra mondiale, ben cinque femmine. Che crebbe quasi interamente da sola, visto che suo marito prima andò in America a costruire strade ferrate per sanare un debito contratto da suo padre e salvare l'onore della famiglia, poi partì in guerra.

Nonna Bettina è l'archetipo di donna della mia famiglia, una femminista inconsapevole. Alle cognate, che si rammaricavano con lei per l'avverso destino di generare solo femmine, pronunciò la frase che ho sentito ripetere da generazioni di donne che, dopo di lei, nella nostra famiglia hanno attaccato nastri rosa alla porta: "Il Signore manda le femmine a chi le sa crescere". Una figlia, a quei tempi, era considerata una cambiale: bisognava procurarle una dote, tanto più grossa quanto minore era la sua avvenenza. Ma nonna Bettina si rifiutava di arrendersi a questa idea. Non c'era nulla che una donna non potesse fare. Lei tesseva, leggeva e scriveva con scioltezza esercitandosi sulle Sacre Scritture. Andava in campagna e comandava braccianti uomini, facendosi rispettare. La sua severità e le sue battute fulminanti divennero leggendarie. Era un'ape regina. Che ha generato altre api regine, non figlie annichilite dalla sua personalità ma donne forti, capaci di tener testa a ogni sorta di uomini. E per gli uomini era una fortuna incappare in una donna della nostra famiglia, non il contrario. "Galeotto, te la sei scelta bene" disse minacciosa nonna Bettina a mio padre, quando le fu presentato ufficialmente come fidanzato di mia madre. Ben presto lui capì il senso di quelle parole, divenendo uno dei più grandi ammiratori della progenie femminile da cui discendeva la sua giovane moglie.

Uscendo dalla sala parto dove io ero appena venuta alla luce, seconda a mia sorella, il ginecologo scosse la testa con

[1] E. Gianini Belotti, *op. cit.*

un'espressione di indecifrabile delusione e balbettò qualcosa come "Mi dispiace". Mio padre raggelò e quei millesimi di secondo prima che il ginecologo esplicitasse i motivi del suo dispiacere sono stati per anni oggetto di racconto. "Un'altra femmina" disse rammaricato il medico. Non poteva immaginare che, per mio padre, quella fosse una splendida notizia. E non solo perché seguiva allo sgomento che qualcosa fosse andato storto nel parto. Ma perché lui era ormai convinto che le femmine generate in questa famiglia fossero quanto di meglio sul mercato della genitorialità. E soprattutto perché, anche stavolta, l'aveva scampata: non sarebbe stato costretto a giocare a pallone.

E così sono cresciuta, in mezzo a una schiera di cugine, con riunioni di famiglia enormi in cui tutte le varianti di Bettina erano racchiuse in una stanza – Isuccia, Elisa, Isabella, Lisetta – nell'assoluta convinzione che non ci fosse nulla di diverso tra un maschio e una femmina. Mai una battaglia, mai un discorso, mai una rivendicazione femminista sfiorò quei contesti. Mai un libro di Erica Jong o di Germaine Greer circolò in quei salotti. Il femminismo inconsapevole si alimentava della sua stessa epopea, dei suoi stessi racconti. Alcuni drammatici, come la zia a cui morì il figlio di un anno in ospedale e pur di non lasciarlo lì a giacere, sul marmo freddo e circondato da estranei, scappò col piccolo senza vita tra le braccia, prese un passaggio da un camionista e tornò al paese, tenendo testa al dolore che cercava di sgorgare da ogni anfratto e alle domande inquisitorie del camionista, che cominciava a sospettare che ci fosse qualcosa di strano in quel fagottino immobile. Altri racconti erano più allegri, come quelli che riguardavano mia nonna, la più piccola delle cinque sorelle, che si sposò con un abito ricavato dalla seta di un paracadute americano e che gestiva assieme al marito il Bar Italia, al centro del paese, fronteggiando ubriachi e violenti con furbizia e scioltezza di parola.

Nulla poteva farmi pensare che quello non fosse l'archetipo di tutte le donne del mondo. L'idea che qualcuno mettesse in dubbio le potenzialità di un altro in base al suo genere mi era del tutto aliena. La nostra eccezionalità si esplicava in quanto persone, non in quanto donne o uomini.

Una volta, una giovane italiana di seconda generazione, intraprendente e di successo, parlandomi delle sue origini e dell'educazione ricevuta mi ha detto: "Avrei voluto saperlo che come donna e nera sarebbe stato così difficile". Quella frase mi ha colpito. Mi sono chiesta se fosse stato lo stesso per me. E mi sono risposta che no e poi no. Mi è andata bene così. Io non sapevo che avrei dovuto essere più competente di un maschio per ottenere la stessa considerazione. Io non sapevo che a ogni avanzamento di carriera in molti, e soprattutto le donne, si sarebbero chiesti per quale letto fossi passata. Io non sapevo che ogni scatto d'ira o moto di difesa per i più deboli sarebbe stato attribuito al mio utero prima di essere preso sul serio. Ma questa poca consapevolezza non mi ha reso meno forte nell'affrontare le battaglie, nel dire no o sì al momento giusto. Anzi, il profondo senso di parità con cui mi sono mossa nel labirinto sociale e lavorativo, la disarmante pretesa di poter coltivare gli stessi sogni di chiunque altro, ha di sicuro abbattuto barriere prima ancora che io le vedessi.

Inculcare voglia di riscatto a un essere che non ha ancora vissuto abbastanza per aver accumulato un debito verso la società è come limitarne la possibilità di espressione, ipotecare tutto ciò che farà a una causa che non è ancora la sua.

La lezione numero diciotto è che essere nate femmine non è un fardello e neppure un privilegio. Ci sono state donne che hanno lottato perché voi oggi possiate credere con naturalezza che ogni cosa vi sia possibile.

11

Quando, all'ingresso di Zara, mi accorgo che a rallentarci sono centinaia di persone riversate in strada e non il traffico cittadino, realizzo che è sabato sera. Persino l'ansia da parcheggio si diluisce nell'euforia vacanziera. Le mie compagne di viaggio, ormai sveglie, sorridono entusiaste. Dopo la natura, ciò che amano di più sono le città dove la gente si muove a piedi e con la forza della sua presenza costringe le auto a un'andatura umana.

Finalmente decifriamo i cartelli e parcheggiamo ai piedi delle imponenti mura che circondano il centro storico. Il buonumore è garantito da una prospettiva tra le più piacevoli: dormire per tre notti nello stesso letto, un lusso raro in viaggi come questi. La casa è al primo piano di una viuzza stretta del centro di Zara, a meno di un chilometro da dove abbiamo parcheggiato l'auto. Per cui, uno zaino a testa, ci incamminiamo nella folla festosa. Il proprietario è un ragazzo simpatico che ci regala una serie di suggerimenti e una promessa: farci trovare due piccole bici nell'androne per l'indomani mattina.

Senza disfare le valigie, usciamo a farci inghiottire dalla bellezza di questa città. I resti romani sono parte del tessuto urbano: tra la pietra vecchia di duemila anni e l'asfalto non c'è soluzione di continuità. I bambini saltano da un capitello all'altro come fosse un parco giochi. Le coppie se ne stanno abbracciate a guardare la luna e sciami di turisti accompagnati da una guida scattano foto col treppiedi.

Per proteggere, a volte, bisogna donare, e questa è la lezione numero diciannove. A custodire quei pezzi di passato è la comunità a cui vengono affidati, di cui anche noi in questo momento facciamo parte. Se non ci sono scritte su quei capitelli forse è perché non c'è una grata a separarli dalla città. I solchi che i bambini vi scavano non sono sfregi alla storia, ma continuazione della stessa. Sono la prova che essi, duemila anni dopo, vivono ancora. Questo patto di fiducia, probabilmente, di tanto in tanto viene tradito, ma non abbastanza spesso da far alzare muri.

Quando rientriamo a casa, le bici sono là che ci aspettano. L'indomani mattina abbiamo un'impresa da compiere.

«Quanti chilometri, mamma?»

«Dieci.»

«Buonanotte.»

«Notte.»

12

Alle sei del mattino, siamo le sole a percorrere le strade che ieri sera traboccavano di gente. Le case e i resti romani sono intinti nell'alba. Le onde si insinuano nelle cavità scavate ad arte nel cemento del lungomare, per produrre una musica magica che si intensifica man mano che ci allontaniamo, richiamandoci come le sirene con Ulisse. Per proseguire devo promettere alle bambine che al ritorno, pur non avendo i costumi da bagno, ci tufferemo proprio di fronte a questo organo marino, per nuotare cullate dalla musica. Ma adesso abbiamo la nostra impresa da compiere: dieci chilometri, io di corsa, loro in bici. Un rito che si ripete abbastanza spesso e che i primi tempi generava conversazioni di questo tipo:

"Mamma, potresti arrivare prima?"

"No, impossibile."

"Seconda?"

"No, e neanche terza o quarta."

"Come fai a saperlo?"

"Perché chi vince fa lo stesso percorso di mamma, però nella metà del tempo."

"Davvero? Be', potrebbero essere tutti malati quel giorno."

"In quel caso vincerei."

L'aver scovato almeno una possibilità che tutto quell'allenarsi non fosse vano le placava per qualche tempo, poi ripartivano all'attacco.

"Ma se non hai possibilità di vincere, perché ti alleni tanto?"

"Perché sto giocando un'altra gara. Quella con me stessa. Voglio migliorare i miei tempi e la mia resistenza."

In quel momento nella loro testa doveva essersi costruita l'immagine di me intenta a correre una gara completamente sola. Sola al nastro di partenza, sola lungo un percorso perfettamente transennato, sola all'arrivo. Questa immagine doveva essere talmente nitida, che quando il papà le ha portate al parco Sempione per accogliermi al traguardo della mia prima mezza maratona, sono rimaste scioccate nel vedere migliaia di persone e nel riconoscere me, piccola piccola in quella folla, ben oltre la seconda metà.

"Mamma, avevi detto che correvi da sola..."

"No, ho detto che correvo la 'mia' gara. Però in mezzo agli altri."

"E hai vinto?"

"Sì, questa volta sì. Ho corso più veloce di sempre."

E la mia felicità era così incontenibile, che non potevano dubitarne.

Per lungo tempo ho negato di essere ambiziosa, forse per il significato implicitamente negativo contenuto in questa parola, tanto più se applicato a una donna. Un condizionamento che viene da lontano. La straordinaria fiducia nelle mie possibilità mi aveva iniettato una grande dose di ambizione, ma l'educazione della brava ragazza mi aveva insegnato a disprezzarla. La contraddizione venne alla luce ai tempi del mio primo impiego, come redattore ordinario in un mensile di viaggi. Ero la più giovane e quando si doveva trovare un argomento per il quale burlarsi di me era sempre l'ambizione. Un giorno, mentre si discuteva dell'imminente trasloco, il collega più anziano disse: "Hanno affittato anche un hangar annesso all'ufficio". "A che serve?" chiesero gli altri. "Per l'ego della Monfreda" rispose lui. E giù a ridere, io compresa, di qualcosa che vedevano tutti tranne me.

Così ho iniziato a guardarmi con gli occhi degli altri e a fare i conti con un sentimento che dovevo imparare ad associare a me stessa. E, in qualche modo, a farmi amico. Ho scoperto che sì, sono ambiziosa. L'ambizione ha guidato tutta la mia vita ed è quella che mi spinge a correre, in questo momento, per le strade di Zara. Stentavo a riconoscerla come tale perché, nel mio pregiudizio negativo, la associavo alla rabbia, alla voglia di rivalsa. Mentre nella mia ambizione non c'è nessuna ansia di riscatto, né personale né sociale. È una tensione all'eccellenza, un non accontentarsi mai, una sfida continua ai miei limiti, una concentrazione verso il risultato, associata a una fiducia nella possibilità di farcela.

Le rare volte in cui ho visto la scintilla dell'ambizione nelle mie figlie ho badato a non spegnerla e neppure a incendiarla con la benzina delle mie aspettative. Ciò che mi interessa è trasmettere loro la *lezione numero venti: l'ambizione è ostinazione*. Ossia una tensione verso l'obiettivo che si sazia già con la messa in atto di ciò che è necessario a raggiungerlo. Un atteggiamento di sfida nei confronti di se stessi, che si placa con lo studio, l'allenamento, la fatica: tutto cibo capace di sfamare quel sentimento fino ad ammansirlo e a trasformarlo nel nostro migliore alleato.

Man mano che passano gli anni, la mia ambizione invecchia assieme a me, riempiendosi di indulgenza. Mi perdono la mediocrità del risultato se ho fatto il possibile per raggiungerlo: quel risultato allora è mediocre in senso assoluto, ma non per me. E mi perdono anche quando non ho fatto abbastanza per raggiungere il risultato, in quanto so che ho ancora speranza di riuscirci in futuro.

Se oggi, a Zara, nel mezzo delle vacanze, ho deciso di non mancare il mio allenamento, è a causa di un'ambizione un po' speciale, ricevuta in dono dalla mia compagna di banco del liceo: correre una maratona. Grazia è stata un'atleta molto promettente da ragazza, e una grande sportiva nel resto della sua vita. Ha corso la maratona di New York senza preparazione, vivendo di rendita sul suo passato da campionessa di corsa campestre e sul suo presente di appassionata a ogni sport. Poche settimane prima, il giorno del mio compleanno, era piombata a casa mia. Aveva tra le mani una scatolina verde. L'ho aperta. Al suo interno c'erano dei cartoncini colorati. Ognuno recava scritto una parola o un disegno. Un piccolo rebus che mi conduceva dritto alla soluzione finale. Al terzo cartello – Impegno – che seguiva i due – Coraggio e Determinazione – ho capito cosa mi stava regalando: l'iscrizione a una maratona assieme. Al quinto cartello, che recava la stilizzazione di un tempio greco, ho capito di quale maratona stavamo parlando: Atene, l'autentica, quella che aveva dato il nome e la distanza a quella gara, ma anche una delle più ardue, dal momento che partiva con 30 chilometri di salita.

In quel momento ho pensato che fosse semplicemente pazza. Che stava guardando il mondo attraverso la lente del suo corpo e che non avesse idea degli scogli e delle difficoltà che deve affrontare un corpo normale. Di chi, come me, ha sempre saputo di non avere alcun talento sportivo, e che, verso i 18 anni, ha scoperto nella corsa una passione grandissima, mai coronata da alcun risultato. Un solo podio all'età di 20 anni, in una delle rare gare pomeridiane nella Murgia profonda, dove arrivai terza perché, per una di quelle fortuite circostanze invocate dalle mie figlie, nella mia categoria correvano solo cinque donne. La minuscola coppa di latta che vinsi trovò posto sulla mia scrivania e rimase per sempre sola, godendo di un onore immeritato rispetto alle decine di coppe ben più prestigiose, ma destinate all'oblio, che sbucavano da mensole, armadi e librerie nella stanza della mia amica Grazia.

Man mano che passavano le ore da quel regalo sconsiderato, però, aveva iniziato a farsi strada dentro di me un'altra considerazione. L'iscrizione da parte della mia amica alla maratona, per giunta a una delle più difficili, era un'investitura: tu puoi farcela. E, involontariamente, cominciavo a crederci pure io. Così ho iniziato ad allenarmi. Con ostinazione, scrupolo e tutto l'impegno che ci vuole quando non hai un briciolo di talento.

Un mese dopo quello strano regalo ho capito che stavo imparando *una nuova lezione da trasmettere alle mie figlie, la numero ventuno: regalate ambizioni agli altri, e accettatene in dono da loro*. I nostri sogni non si avventurano mai in spazi lontani dalla nostra immaginazione. I sogni che gli altri fanno per noi, invece, ci conducono su terreni inesplorati, ci portano dentro film che non abbiamo mai girato nella nostra testa, ci fanno scoprire parti di noi di cui non conosciamo l'esistenza.

Regalare ambizioni è quello che fanno i bravi genitori e i bravi maestri quando siamo bambini. È quello che aveva fatto mio padre con le discipline scientifiche. E la mia maestra delle elementari con il giornalismo. Ma da grandi, raramente si riceve in dono un'ambizione. Siamo così presi dallo scavare dentro noi stessi per riscoprire i nostri reali desideri soffocati da strati di bisogni, necessità, convenzioni, stereotipi, che non ci avventuriamo mai nel campo dei desideri degli altri. Usciamo di rado dall'orizzonte della nostra immaginazione.

Ma se oggi, a Zara, nel mezzo delle mie vacanze sto correndo, c'è anche un altro motivo. L'amicizia con Grazia è sempre stata legata a una forma di competizione: il desiderio di raggiungerla se era davanti a me, la voglia di essere raggiunta e di tenderle la mano se davanti mi trovavo io. Nei compiti in classe, agli esami di maturità, adesso nella maratona. Credo che tutte le amicizie nate tra i banchi di scuola abbiano avuto come loro sotterraneo motore la competizione.[1] A quell'età viviamo le esperienze più forti della

[1] "Forse devo cancellare Lila da me come un disegno sulla lavagna, pensai, e fu, credo, la prima volta. Mi sentivo fragile, esposta a tutto, non potevo passare il mio tempo a inseguirla o a scoprire che lei mi inseguiva, e nell'un caso e nell'altro sentirmi da meno." Queste sono le parole che Elena Ferrante fa pronunciare al suo alter ego nel romanzo *L'amica geniale*, e/o, Roma 2011, uno dei primi a sdoganare la competizione femminile. Un sentimento che, come l'ambizione, abbiamo tentato di negare, ma che in questo romanzo è la molla che guida, in positivo, la vita delle due protagoniste.

nostra vita: ci innamoriamo, talvolta dello stesso ragazzo, mentiamo, trasgrediamo, veniamo giudicati, valutati, interrogati, spesso dagli stessi professori. Da grandi difficilmente riusciamo a reggere il peso psicologico di questo genere di amicizia, con così tanti punti di contatto, con così tante strettoie dove l'una rischia di trovarsi davanti all'altra. Invece da ragazzi lo facciamo. Istintivamente scegliamo per amiche persone che vorremmo essere noi. Ci attraggono come calamite e noi non opponiamo resistenza. Così i due sentimenti, amicizia e competizione, convivono in un equilibrio raro. Saliamo su una montagna russa di emozioni: affetto, invidia, cattiveria, amore. Che, senza accorgercene, ci spingono a portare all'estremo le nostre capacità, ad arrivare in fondo alle nostre possibilità. A ottenere il massimo.

La competizione è uno strumento al servizio dell'ambizione. Osservate due bambini correre e ve ne accorgerete. Cercheranno di raggiungersi e, nel tentativo, il meno veloce spingerà al massimo delle sue possibilità. Mentre il più veloce si guarderà le spalle mediamente rilassato, ma spererà che quello dietro lo raggiunga per sentirsi stimolato ad accelerare. Entrambi sono mossi da qualcosa di bello che li fa correre col sorriso stampato in faccia. Entrambi sperano di avere amici veloci per provare quel brivido più spesso possibile. E, finita la corsa, nulla rimarrà tra loro di quella tensione competitiva, che riesce a rimanere confinata nell'attimo della gara.

Lo so, non sempre va così. A volte succede che un bambino molli in partenza perché sa di non farcela. O resti inchiodato alla sconfitta. Il punto è che siamo programmati per reggere bene la montagna russa della competizione, fin quando non subentrano fattori esterni, come le aspettative o la delusione di un genitore. La competizione è un fiore delicatissimo che appassisce la prima volta che a innaffiarlo è un adulto con la sua voglia di rivalsa vissuta per mezzo dei figli. Non appena un bambino smette di competere per se stesso e lo fa per qualcun altro, allora quella magia è compromessa.

Lezione numero ventidue: non abbiate paura della competizione. Circondatevi di amiche più brave di voi in qualcosa. Più gentili, più intelligenti, più talentuose. E siate all'altezza di quell'amicizia.

Perché l'amicizia è una Responsabilità, dichiarava l'ultimo cartello del rebus che Grazia mi aveva dato. Se lei mi investiva della capacità di poter correre una maratona, io dovevo essere all'altezza della sua aspettativa. Dovevo essere capace di correre 42 chilometri accanto a lei, o di incalzarla alle spalle. Ecco perché, in questa domenica mattina di luglio, come in tante altre situazioni, sono qui che corro. Per ambizione, per competizione e per senso di responsabilità. Tutti mescolati assieme in un connubio indissolubile.

Dopo un'ora lungo il mare, guardando allontanarsi e poi riavvicinarsi le mura di Zara che si stagliano contro il cielo azzurro, ritorniamo nel centro storico che comincia a popolarsi e ci sediamo sudate e soddisfatte ai tavoli di un bar all'aperto.

La cameriera ci guarda e in un italiano perfetto ci domanda: «Che avete fatto? Avete corso con mamma? Così piccole e già a dieta?». E sparisce con il biglietto delle ordinazioni tra le mani. Incrocio lo sguardo delle mie compagne di corsa e scoppiamo a ridere. Se loro non riuscivano a concepire che si potesse correre senza nessuna speranza di vincere, c'è chi non riesce proprio a immaginare che una donna possa correre per un motivo diverso dal voler dimagrire.

Ma non devo spiegarlo alle mie figlie. Loro sanno perché mamma corre.

13

L'organo marino esegue un movimento "agitato" del suo concerto casuale. L'acqua, di un blu intenso che lascia presagire profondità ostili, sbatte irruenta contro la scalinata. L'ultimo gradino, quello da cui dovremmo immergerci, è ricoperto da un velo di alghe che lo rende scivoloso. Ci tocca tuffarci da un po' più su. Le piccole sperano che io desista per guadagnare il bonus di una promessa non mantenuta. Io, per lo stesso motivo, aspetto che siano loro a ritirarsi. Ma siccome nessuna di noi molla, finisce che ci avviciniamo a quel mare minaccioso senza averne alcuna voglia. Mi tuffo per prima, con addosso pantaloncini e maglietta, e le attendo a lungo, finché una dopo l'altra, chiamando a raccolta tutte le loro risorse interiori, si immergono. E così, per una buona mezz'ora ce ne stiamo lì, a qualche metro dal lungomare, dove le onde neppure si percepiscono e l'acqua è così limpida da svelare il fondale: decine di pesci si avvicinano per poi scansarci all'ultimo momento. Cosa ci fate qui?, sembrano dire. Non chiedetelo a me, avrei voglia di rispondere. E invece benedetto sia il nostro orgoglio che ci ha regalato questo bagno tiepido, cullato dalla musica delle onde, un altro piccolo ricordo da ricamare con i colori accesi delle avventure.

Le forze iniziano a venir meno. Dobbiamo risalire, affrontando il gradino scivoloso. Due turisti, le cui scapole lampeggiano come semafori rossi su una pelle bianco latte, ci porgono le mani. Approdate sul cemento caldo, tiriamo il fiato e ringraziamo gli ignoti soccorritori.

«Mamma, cosa farà papà senza di noi?» mi chiede la Seienne, seguendo il filo di un pensiero che dal bagno avventuroso l'ha involontariamente portata a Lui.

«Approfitterà per lavorare fino a tardi» ipotizzo.

«Mangerà pizza tutte le sere» interviene la Novenne.

«E dopo se ne starà sul divano a guardare le partite» conclude la Seienne.

Ridiamo. Abbiamo appena abbozzato lo stereotipo del maschio. Ma se allargo l'inquadratura, mi accorgo che non si tratta solo di Lui. Noi due insieme siamo lo stereotipo della coppia. Io cucino. Lui cambia le lampadine. Io torno presto dal lavoro, lui giusto in tempo per sedersi a tavola. Io vado al mercato e faccio la spesa, lui butta la spazzatura e paga le bollette. Il bilancio delle ore dedicate alla famiglia, forse, pende più dal mio lato. Ma dopo anni ho capito che non è il caso di passare il tempo a calcolare cosa ho fatto io e cosa ha fatto Lui. Che ognuno dà quel che può. Che, come scrive Chimamanda Ngozi Adichie, un carico equamente condiviso non è quando raggiungi il 50 e 50 ma quando non provi risentimento.[1] Anzi, se ci dividiamo i compiti in base alle nostre preferenze, siamo tutti più contenti. E le cose che non piace fare a nessuno, facendole assieme diventano gradevoli. Mentre il resto lo possiamo delegare.

Se ci guardo con gli occhi delle bambine, però, non posso fare a meno di chiedermi quale messaggio stiamo trasmettendo. Che idea si faranno dei ruoli maschili e femminili? Perché siamo così dannatamente comuni? Per fortuna, come dice la buona saggezza africana, ci vuole un villaggio intero per crescere un bambino. E nel loro villaggio, popolato di zii, amici, conoscenti, hanno visto uomini che fan-

[1] Chimamanda Ngozi Adichie, *Cara Ijeawele – Quindici consigli per crescere una bambina femminista*, Einaudi, Torino 2017.

no la pasta in casa, che si alzano di notte a cambiare pannolini, che stirano, che spingono passeggini. E donne che tirano fino a tardi al lavoro e non sanno neppure riscaldare un surgelato. Direi che, nonostante noi, la *lezione numero ventitré è salva: non è il sesso a determinare il ruolo che uno ha nella famiglia e nella società.*

E che cos'è allora? Qual è il processo per cui ci si attribuisce un ruolo dentro le mura domestiche? Torno alla casa dove si è plasmata la mia idea del mondo. Mio padre, maschio del Sud, è passato dalle cure di una mamma a quelle di una giovane moglie, che aveva scelto di stare a casa e di essere la casalinga perfetta, addirittura felice. Lui era l'unico laureato della nostra enorme famiglia e per tutti era l'Ingegnere. Carismatico e decisionista, sul lavoro era un dirigente di successo, ma dentro le mura domestiche dipendeva in tutto da mia madre. Che ha sempre scelto per lui anche i vestiti da indossare al mattino. Le valigie delle sue frequenti trasferte erano una specie di kit di sopravvivenza: dentro c'era lo stretto necessario e nessuna possibilità di scelta, per non rischiare che abbinasse cravatte e camicie sbagliate. Ricordo ancora le lezioni di cucina che mia madre cominciò a impartirgli quando io ero al quinto mese di gravidanza, in preparazione dei dieci giorni, subito dopo il mio parto, in cui lui sarebbe rimasto solo a casa mentre lei si trasferiva da me, a Milano. Mi resi conto in quel momento di come mio padre non avesse alcuna idea del processo attraverso cui un piatto di pasta fumante finisse sulla tavola. E comunque non dovette impratichirsi molto in quei dieci giorni: zie e cugine corsero in suo soccorso, onorate di sostituirsi a mia madre e di preparare per lui i suoi piatti preferiti, di cui avevano sempre posseduto una lista accurata. Mio padre era l'idolo delle donne di famiglia.

Crescendo, ho scoperto che anche questa è una dinamica di potere: farci sentire indispensabili per soggiogarci. Ma il modo in cui lo faceva mio padre non aveva nulla del dominio, del possesso. Nel suo "non saper fare" non c'era presunzione di genere. Ma una sorta di ingenuità, un'ammissione di debolezza. Un ridimensionamento dell'uomo di successo a cui tutti ricorrevano per un aiuto, per un consiglio. Un'umanizzazione delle sue doti sovrumane. Il suo "non saper fare" rendeva tutti gli altri speciali, permetteva loro di essergli utile, di pareggiare i conti.

Mio padre, ho capito in seguito, aveva semplicemente selezionato le cose da saper fare nella vita. Nel processo di selezione era stato condizionato dal suo essere un maschio del Sud, ma pian piano se ne emancipò. "Il matrimonio" scriveva Robert Louis Stevenson in un celebre aforisma "è una lunga conversazione (in cui) due persone adattano sempre più le proprie idee l'una all'altra e (...) si conducono reciprocamente in nuovi universi di pensiero." Così, man mano che passavano gli anni, mi capitava sempre più spesso di vederlo in cucina con un grembiule a fiori di mia madre, intento nella difficile, minuziosa opera di pulitura delle cozze. E soprattutto, divenne l'addetto alla preparazione degli scenografici piatti di frutta che completavano i nostri pranzi delle feste, per i quali non si accontentava della ricchissima varietà che coltivava lui stesso o dei frutti antichi che riscopriva con perizia, ma andava in giro a comprare le specialità esotiche più bizzarre per poter associare un avvincente storytelling a ogni piatto. Il momento della frutta era quello in cui l'intera famiglia esplodeva in esclamazioni di ammirazione più che per tutte le portate, ben più complesse, che l'avevano preceduta, e che erano state realizzate da mia madre. Ma lei non se ne aveva a male. Era riuscita a addomesticare quel maschio del Sud, a mettergli un grembiulino a fiori, a motivarlo affidandogli compiti che potessero piacergli e nei quali potesse raggiungere l'eccellenza. Un esempio di leadership come pochi, anche nel regalare la scena al suo secondo. Chapeau.

Tutto questo succedeva sotto i miei occhi, senza che mai venisse associato il ruolo al genere. E così, benché lui fosse maschio e io femmina, ho imparato da mio padre la *lezione numero ventiquattro: non si può essere brave a far tutto*. Questa è una deriva molto femminile. Generazioni di donne hanno soffocato la loro creatività, congelato le loro energie perché non potevano dedicarsi unicamente a una passione e a una professione. A loro spettava anche l'organizzazione domestica, la cura dei figli, la soddisfazione dei bisogni dell'uomo. Oggi questa richiesta, quand'anche ha smesso di provenire dalla società o dalla famiglia, è talmente interiorizzata da essere un'autolimitazione. Tante donne, ancora oggi, bruciano le loro potenzialità dietro l'aspirazione a far bene tutto. Invece no, l'eccellenza presuppone indulgenza verso ciò che bisogna tralasciare, mi ha insegnato mio padre. E mai mi è passato per la testa di non poter seguire il suo modello perché lui apparteneva a un genere diverso.

Ho avuto convivenze difficili, nei miei primi anni a Milano. Facevo uno stage gratuito al "Corriere della Sera" e insegnavo pianoforte per racimolare i 300 euro di affitto della mia minuscola stanza. Ero tesa nello sforzo di imparare una professione, di costruirmi relazioni in una città ignota e non potevo occuparmi delle faccende domestiche. Avrei fatto volentieri delle lezioni in più per pagare un uomo o una donna che ci aiutassero, ma le mie coinquiline, studentesse di master prestigiosi, avevano preferito di no. E così avevo sottoscritto, con poca convinzione, la rigida divisione di compiti che ci eravamo date. Ma portavo a termine i miei incarichi con scarsa diligenza, tra dimenticanze epocali, turni saltati e recuperati all'alba, lavaggi di pavimenti notturni. Quando le mie coinquiline mi misero sotto processo, capii che era il momento di andare a vivere da sola. Io, come mio padre, non mi aspettavo che loro facessero al posto mio, ma per le giovani future professioniste con cui abitavo delegare ciò che generazioni di donne avevano sempre fatto da sole era ignobile.

La vocazione femminile a far tutto prescinde dalla vita di coppia. Se in tante, pur potendo evitare o condividere certe mansioni, decidono di occuparsi delle pulizie, del bucato, della cucina, non è perché vivono con un maschio che non lo fa, ma perché sono programmate per quello, anche in assenza del maschio. Nelle case che ho abitato in quella terra di mezzo tra la giovinezza e la maturità, ho visto figlie combattere contro invisibili granelli di polvere quando attendevano la visita delle madri. Ho visto madri aggirarsi per la casa con sguardo fintamente benevolo e intanto lasciar scivolare frasi come pugnali: "Non imparerai mai a rifare i letti". Ho visto colf licenziate perché "non puliscono come farei io". E ho visto uomini pieni di buona volontà messi da parte perché non avrebbero mai raggiunto una competenza paragonabile a quella della loro compagna.

Poi, però, anche quelle come me, che non volevano esser brave a far tutto, devono imparare a fare tante cose. A cucinare, a mettere in ordine la stanza delle bambine in modo che trovino sempre libri nuovi da leggere e giochi adatti alla loro età, a liberare periodicamente la casa dal superfluo, persino a lottare senza quartiere contro i pidocchi. Non c'è nulla che io senta di dover fare in quanto donna. Ma ci sono solo tante cose che vanno fatte. E che, nella sommaria divisione dei compiti domestica, sono toccate a me perché ho scoperto che mi piacevano o semplicemente perché le ritenevo meno peggio di altre. In questi casi, e nei limiti del possibile, cerco di seguire *un'altra lezione di mio padre, la numero venticinque: trovate gusto in tutto ciò che fate.* Che poi il gusto è parente stretto dell'eccellenza, del piacere sottile di portare a termine le cose nel modo migliore. Al massimo delle proprie potenzialità. Di quel mettersi addosso un grembiulino a fiori e applicarsi con la stessa dedizione a qualunque tipo di attività. Perdonandosi tutto ciò che si è dovuto tralasciare.

14

Al nostro passaggio, i vestiti fradici grondano in terra una scia d'acqua. Gli occhi delle bambine, accesi di sfida, sembrano quelli di chi ha fatto il bagno nudo in una fontana pubblica di notte invece che essersi tuffato in mare coi vestiti in pieno giorno. Ma alla loro età, basta poco per assaporare il gusto della trasgressione, per godere di un mondo momentaneamente al rovescio. E non c'è nulla che allarghi i loro sorrisi come la percezione di aver navigato per qualche tempo fuori dalle acque conosciute.

Amo le regole tanto quanto l'idea che non ci siano regole che non possano essere infrante. Che tocca a noi scegliere quale trasgredire e quando farlo. E che da quella scelta dipenderà il senso della nostra infrazione. Se sarà una mancanza di rispetto verso gli altri o solo una scarica di adrenalina regalata a noi stessi. Se sarà un'azione grave, parente al reato, o la scintilla che innescherà un cambiamento sociale.

Accompagno le mie figlie in piccole trasgressioni per aiutarle a distinguere le regole necessarie da quelle arbitrarie. Gli obblighi morali dalle consuetudini. Le leggi senza tempo da quelle che mostrano le prime crepe. Vorrei che fossero capaci di muoversi con scioltezza nel complesso sistema normativo di cui le società si sono dotate, senza rimanerne incastrate. Vorrei che capissero il senso profondo di ogni regola. E che la voglia di rispettarle scaturisse dalla loro coscienza e non dall'inerzia o dalla paura.

Tutti i progressi sociali sono stati ottenuti grazie a qualcuno che ha deciso di rompere gli automatismi, di agire fuori dai binari scavati dal conformismo, talvolta di infrangere la legge. La prima donna nera che si è rifiutata di cedere il posto sull'autobus a un uomo bianco. La prima che si è travestita da maschio per correre la maratona. Oggi ci sembra naturale contravvenire norme che il tempo ha dichiarato inique. Ma all'epoca il confine tra giusto e sbagliato era sottile. Esattamente come lo è oggi per chi accompagna un malato terminale a morire in Svizzera o per chi si coltiva la marijuana nel giardino di casa per curarsi. Quando decidi di scardinare un sistema, corri il rischio di sbagliare o di attraversare il limbo dell'illegalità. Devi crederci al punto tale da esser pronto a pagarne le conseguenze.

Mi capita, sul lavoro, di non rispettare la prassi. Il modo in cui oggi la gente si informa impone a noi giornalisti di cambiare il modo in cui produciamo informazione. Ma per farlo abbiamo bisogno di un'organizzazione del lavoro che non rispecchia più la rigida gerarchia scritta decenni fa nei nostri contratti. Abbiamo bisogno di tempi e luoghi che non sono più quelli stabiliti da norme antiquate. Ma se aspettiamo che a cambiare siano prima le regole, allora stiamo comprando un biglietto in tribuna per assistere alla rivoluzione che farà qualcun altro. La storia dimostra che un cambiamento prima lo si immagina, poi arrivano le leggi a sancirlo. Ma come fai a immaginarlo se non provi a metterlo in atto?

Io sono stata seduta in tribuna per tanti anni. Ero giovane e nel rispetto delle consuetudini trovavo la scusa per non agire. Il mondo dell'editoria periodica si sgretolava davanti ai miei occhi e io mi prendevo il lusso di annoiarmi. Come se il mio compito fosse solo fare un buon giornale e non cercare di garantirne la sopravvivenza. Quello che tutti si aspettavano da me era il coraggio di osare, di trasformare un modello di lavoro, anche se questo comportava rompere degli schemi e infrangere alcune regole. Quando l'ho fatto, ho scoperto con mia grande sorpresa *una lezione che mi piacerebbe trasmettere alle mie figlie, la numero ventisei: vi perdoneranno più facilmente di non aver rispettato le regole che di non aver cercato di cambiarle.* Oggi innovare è un dovere. Una condizione per sopravvivere. Abbiamo l'obbligo morale di restituire un mondo migliore di quello che abbiamo ricevuto. Anche a costo di sbagliare.

Nell'educazione delle giovani donne, la trasgressione non ha mai trovato posto. Elena Gianini Belotti scriveva: "Le bambine, nei primi anni delle elementari, sono apparentemente le vincitrici. Non c'è maestra che resista all'attrazione di un quadernino ordinato che risponde al suo personale, femminile concetto dell'ordine. I quaderni delle bambine strappano le lodi, sembrano raffinati prodotti di una squisita sensibilità e sono invece il frutto di una creatività spenta per sempre che ha lasciato il posto a un malinconico conformismo". A questi si contrapponevano i quaderni dei maschi: "Avventurosi, turbolenti, liberi come i proprietari".[1]

Non so se esista ancora un confine così netto tra i maschi e le femmine, ma di sicuro i quaderni che collezionano i voti più alti sono capolavori di disciplina, di rispetto del codice colore e della sintassi delle risposte. Tra questi ci sono quelli della Novenne. Talvolta mi perdo a sfogliarli, perché l'ordine mi emoziona e perché adoro scovare in quell'ordine gli spazi della sua libertà, quelli che la maestra ha lasciato da interpretare. La Novenne comincia a essere insofferente. Contesta di dover riscrivere passivamente il testo di un problema. Patisce la fatica e la concentrazione che richiede il doversi attenere a un modello. E si arrabbia quando prende un voto più basso perché non ha fatto esattamente come ha chiesto la maestra, ma ha allargato autonomamente le palizzate del recinto in cui muoversi. Io la ascolto e penso che questa battaglia interiore sia quanto di più salutare. La

1 E. Gianini Belotti, *op. cit.*

creatività e la disciplina non sono due poli magnetici opposti che si contendono i nostri figli. Ma appartengono a un campo magnetico unico, al cui interno i bambini devono trovare il loro equilibrio e imparare a muoversi.

La Belotti notava che le femmine tendono "a riprodurre pedissequamente ciò che viene loro proposto" mentre i maschi "a introdurre variazioni, a proporre soluzioni, a discutere, a inventare". Oggi credo che entrambe queste competenze siano fondamentali. Ci vogliono la conoscenza profonda delle regole, gli esercizi ripetitivi, l'imitazione scialba. E poi ci vuole la spinta a trasgredire, non per il gusto di farlo, ma per creare qualcosa di unico o migliorare l'esistente. Per la maggior parte di noi, la creatività può nascere solo dalla disciplina. L'ho imparato studiando la musica. Il valore dell'esecuzione di un pezzo sta nell'interpretazione dell'esecutore, ossia in quella polverina magica di unicità che riesce a infondere alla pagina scritta pur non discostandosene di una nota. Ma questo obiettivo si può raggiungere solo quando si è completamente affrancati dagli impedimenti tecnici e quando si conosce alla perfezione il senso e la struttura del pezzo. *La lezione numero ventisette è che la disciplina ci rende liberi.*

Una volta ho sentito dire a un neodirettore di giornale che non faceva le riunioni di redazione perché una buona idea non arriva necessariamente il lunedì alle cinque, le buone idee arrivano in qualunque momento della giornata. Codificare uno spazio e un tempo per la creatività gli sembrava assurdo, ma in realtà è ciò che accade nel jazz, il genere che meglio di ogni altro dimostra come l'improvvisazione e l'ispirazione nascono dentro schemi ben precisi, in un momento particolare del pezzo, mentre tutti se l'aspettano. Quando imponi un recinto alla creatività sembra che la stai soffocando, in realtà la stai proteggendo. Stai creando uno spazio che non potrà essere fagocitato dalla routine o dalla fretta. In quel territorio franco tutti hanno la possibilità di essere creativi, tutti hanno il lasciapassare per tirar fuori buone e cattive idee.

È lo stesso meccanismo della pagina bianca che la maestra lascia ai bambini da riempire. È uno spazio limitato in cui devono concentrare tutte le loro risorse creative. Se non avessero affinato la tecnica copiando, forse non avrebbero la competenza per riempire quella pagina. E se l'intero quaderno fosse un insieme di fogli bianchi da comporre liberamente, forse la magia dell'invenzione non scatterebbe. La disciplina fornisce, allo stesso tempo, gli strumenti e la spinta per creare.

15

Mentre vagabondiamo per le strade di Zara, una strana scena calamita i nostri passi. Due donne, una bionda e una mora, vestite rispettivamente da angelo e diavolo, sedute su due scranni altissimi di fronte a una chiesa, se ne stanno immobili, l'una con i capelli dell'altra tra le mani, il viso composto in un urlo di rabbia. Di fronte a loro, un fotografo. Attorno, una troupe che esegue gli ordini di uno strano individuo – sneakers gialle, cravatta tempestata di pietre luccicanti, ciuffo viola – che sembra insoddisfatto degli scatti. Teatralmente spazientito, inveisce a pochi centimetri dal viso delle due donne. Loro non reagiscono. A quel punto afferra i capelli della bionda e li tira fino a farle male, scomponendo la sua espressione in un urlo di dolore. Ecco cosa cercava negli scatti. Infligge lo stesso trattamento anche all'altra. Ora i volti delle donne sono carichi di quella rabbia impotente che se potesse si scioglierebbe in lacrime. Lui, eccitato dallo sguardo delle due e dagli occhi puntati della folla che si è riunita attorno, di cui facciamo parte anche noi, intrufola la sua mano tra le cosce della bionda. Un gesto che lascia intendere un'intimità pregressa o futura, una sorta di dichiarazione di possesso destinata agli osservatori. L'espressione di lei, per un momento, passa dall'odio alla lusinga. Poi lui esce dal campo dell'inquadratura e rivolge una battuta al fotografo, che provoca nelle due ragazze un impercettibile abbassamento dello sguardo. La rabbia richiesta dalla scena, adesso, sembra spenta, rassegnata.

La lingua straniera mi ha impedito di cogliere tutto. Però mi ha permesso di concentrarmi sui gesti e sugli sguardi, riconoscendo l'universalità di ciò a cui sto assistendo. La messa in scena del potere. I tanti modi con cui viene esercitato: l'umiliazione pubblica, l'abuso, la lusinga, la derisione. E non solo nel mondo dello spettacolo o della pubblicità, che stiamo casualmente incrociando. In forme meno urlate, queste strategie le ho viste mettere in pratica da gente ben vestita e dai modi affabili. Talvolta anche da donne, che usavano il loro genere di appartenenza come scudo difensivo per agire nell'unico modo che avevano imparato, probabilmente dagli uomini. Ma soprattutto, ho visto tante persone subire il potere come stanno facendo queste due ragazze. Senza pensare di avere via d'uscita. O addirittura credendo di meritare questo trattamento come conseguenza di un loro presunto errore o come compensazione di una mancanza di talento.

Mentre ci allontaniamo, la Novenne, a conclusione di un ragionamento a me inaccessibile, mi chiede:

«Mamma, ma tu sei il capo?»

È una domanda che mi fanno spesso. Credo che si divertano con le mie risposte, che cambiano man mano che loro crescono e che io maturo il modo in cui vorrei percepissero la gerarchia, l'autorità, il potere.

La prima volta in cui me lo chiesero era un lunedì mattina. "Sbrigati, altrimenti faccio tardi al lavoro e i miei colleghi si spazientiscono" dissi alla grande, che allora aveva 6 anni.

"Mamma, ma tu sei il capo!" rispose.

Pausa. Respiro. Primo: dove aveva registrato l'informazione relativa al mio ruolo? Secondo: dove aveva imparato l'equazione capo uguale impunità?

Presa alla sprovvista, risposi:

"Diciamo che sono 'un' capo. Nel senso che tutti noi abbiamo un capo. E pure io ne ho uno."

Delusione. Poi subito illuminazione.

"Ma allora tutti sono capo di qualcuno?"

"No, non tutti."

"E papà?"

"Sì, anche papà è capo di qualche persona e ha qualche capo sopra di sé."

Silenzio. Argomento esaurito.

Sapevo di aver risposto male. Come al solito, i figli ci colgono impreparati sulle domande più importanti. Ma ho imparato ad aspettare e a non cercare di rimediare in corsa, che tanto non ho idea di cosa dire. La domanda, prima o poi, ritorna.

E così, tempo dopo:

"Mamma, ma tu sei il capo?"

Stavolta ero pronta. Fresca delle mie riflessioni sulla leadership, volevo trasmettere la *lezione numero ventotto: il potere è responsabilità*. Divenire capo non è un premio in palio per il più bravo, non ha niente a che fare con l'infallibilità, con un 10 in pagella o con la stellina che prendono a scuola, sul finire della giornata, per essersi comportate bene. Ma è l'investitura che si dà a una persona capace di far lavorare assieme un gruppo e al tempo stesso di rispondere degli errori di ciascuno. Capace di guardare lontano, per tracciare la rotta, ma anche vicino, per accorgersi di un piccolo ingranaggio mal funzionante. Essere capo è una responsabilità non solo professionale, ma anche personale: il potere più grande che un capo ha nelle sue mani è quello di rovinare la vita a chi lavora con lui.

La Novenne, che allora non doveva avere più di 7 anni, mi guardò con gli occhi perplessi di chi stava pensando: "Bastava un sì o un no, non ti ho chiesto questo sermone per giunta incomprensibile". Poi disse:

"Io non vorrei mai diventare capo."

Consapevole di aver confuso ulteriormente le sue idee, tacqui. Su questa storia del capo non riuscivo a essere efficace. Segno che la prima a essere confusa ero io.

Adesso, di fronte alla scena dell'angelo e del diavolo, e

all'ennesimo ritorno della domanda, le idee mi si chiariscono improvvisamente. Fino a quel momento, avevo tentato di spiegare loro come diventare un buon capo. Cosa che, se mai accadrà, sarà tra molti anni. Dopo che avranno incrociato l'autorità in tutte le sue forme. Dopo che si saranno ritrovate sedute in cima a uno scranno come queste due fanciulle, forti della loro bellezza, ammirate da chi passa perché "le prescelte", ma di fatto indifese.

Per prima cosa devono imparare a relazionarsi col potere, non a esercitarlo. A riconoscere i limiti oltre i quali nessun capo può spingersi. A distinguere tra richieste legittime e illegittime. A rispettare l'autorità, ma ad approcciarsi a essa con spirito critico. A capire quando esce dal tracciato della sua competenza e quando, all'interno di quel tracciato, usa il potere in modo irresponsabile. Quello che voglio, è non vederle mai sottostare alle richieste sbagliate o male espresse di un potente. Credere di non avere altra via d'uscita che acconsentire. *La lezione numero ventinove è che non c'è nessuna forma di potere che possa autorizzare una mancanza di rispetto.*

«Sì, io sono un capo» dico alla Novenne. E se ho capito a cosa stai pensando, no, quello lì col ciuffo viola non è un capo. O per lo meno, non si comporta così in quanto capo, più probabilmente perché è una persona insicura e infelice, che pensa di trovare una forma di soddisfazione nell'esercitare il potere umiliando. Se le ragazze restano sedute lassù è perché credono, forse, che andandosene non avranno più l'occasione di posare o di avere successo. Probabilmente è così. O forse non hanno considerato quanto si sentirebbero forti ribellandosi e quanto quella forza le spingerebbe verso nuove strade. E come, invece, a ogni umiliazione perdono il loro unico potere, che è l'autostima e il rispetto di sé, diventando deboli. Ma non possiamo sapere e giudicare i motivi della loro scelta. Che d'altra parte non è la causa del comportamento di ciuffo-viola.

Ecco, questo è un altro punto fondamentale. *La lezione numero trenta è che non c'è nessun errore o mancanza o difetto o comportamento da parte vostra che possa giustificare la perdita del diritto a essere rispettate.* "La santità non è il prerequisito della dignità" scrive Chimamanda Ngozi Adichie nei suoi 15 consigli per crescere una bambina femminista: persino le persone scortesi e disoneste meritano dignità.

Nel 1924 Arthur Schnitzler pubblicò *Signorina Else*, un racconto ambientato a inizio Novecento e ispirato a un fatto di cronaca. Le circostanze al centro della narrazione erano molto frequenti ai tempi: giovani figlie che venivano chiamate a salvare i padri dai disastri finanziari vendendo a uomini ricchi e potenti l'unica proprietà che possedevano, il loro corpo. Quando Else chiede un prestito al potente von Dorsday e lui esige, come ricompensa, di vederla nuda per quindici minuti, la prima reazione della fanciulla è mettere sotto processo se stessa, i suoi gesti, addirittura i suoi pensieri, per capire cosa abbia fatto credere a quell'uomo di poterla trattare in tal modo. "Sì, sono così io. Proprio così. Una sgualdrina. Se ne accorgono tutti. Anche Paul se n'è accorto. Non per niente è ginecologo. E anche il guardiamarina se n'è accorto, e anche il pittore."[1]

Invece no. Dobbiamo crescere figlie consapevoli che non ci sia un loro comportamento o frase o fantasia che possa essere considerato un lasciapassare per richieste irrispettose.

La studiosa americana Rebecca Solnit, in un saggio del 2013, racconta come nei college americani, dove gli stupri hanno un'incidenza tale da assomigliare a una prassi, "si passi più tempo a spiegare alle donne come salvarsi dai predatori invece di raccomandare all'altra metà degli studenti di non comportarsi da predatori".[2] È la stessa cosa che succede nelle nostre famiglie. Eludiamo il tema prevaricazione con i figli maschi mentre lo affrontiamo ripetutamente con le figlie femmine, dispensando consigli preventivi, ma di fatto collegando la loro condotta, il loro abbigliamento,

[1] Arthur Schnitzler, *Signorina Else*, Feltrinelli, Milano 2013.
[2] Rebecca Solnit, *Gli uomini mi spiegano le cose*, Ponte alle Grazie, Milano 2017.

le loro abitudini ai possibili abusi di potere che subiranno. Senza accorgerci che stiamo radicando nella loro testa l'idea di essere la causa di quei soprusi, stiamo indebolendo la loro possibilità di difendersi, di ricorrere al proprio orgoglio e rispetto di sé per tirarsi fuori da situazioni umilianti.

Non bisogna proiettare lo sguardo troppo in avanti nel tempo. È l'infanzia il momento in cui i nostri figli costruiscono il loro rapporto con l'autorità. Impersonificata da noi genitori, dagli insegnanti di scuola, dai coach sportivi, in generale da tutti gli adulti con cui entrano in relazione. Come educarli al rispetto dell'autorità, ma al contempo alla messa in discussione della stessa?

Per cominciare, non dovremmo spegnere ogni miccia di ribellione che si accende in loro. Le mie bambine si ribellano a tutto: al fatto che io stabilisca cosa si mangia a cena o a che ora si vada a dormire. Su questi temi, sia pur riconoscendo loro il diritto a esprimere contrarietà, non mi siedo neppure al tavolo della discussione e non mi spreco in giustificazioni: mi limito a rimandare a un tempo futuro la loro possibilità di autodeterminarsi in tutto. Su altre questioni, invece, mi succede di ammettere che abbiano ragione. Come quella volta in cui la Novenne ha scoperto che ogni tanto una sua foto, senza che lei lo sapesse, finiva dentro un contenitore semipubblico chiamato Facebook. Si è ribellata in maniera istintiva, teatrale, drammatica. Come solo un giovane può fare quando incrocia un sopruso. Aveva ragione. Le ho chiesto scusa e l'ho ringraziata, perché mi ha fatto riflettere su un gesto che compivo automaticamente, senza desiderio di farle del male, ma di fatto abusando del mio potere su di lei.

Quando ammettiamo un errore, non stiamo ponendo le basi per la nostra delegittimazione. Ma stiamo insegnando ai nostri figli a non sottomettersi indiscriminatamente all'autorità. A non inginocchiarsi a prescindere, bensì a riconoscere spazi di fallibilità in cui affermare il proprio diritto a dire no.

Un giorno la Novenne è tornata da scuola indignata. A seguito del comportamento indisciplinato suo e dei compagni di classe, il maestro di ginnastica li aveva tenuti seduti in palestra. Li aveva interrogati in geografia e solo a chi rispondeva bene concedeva di alzarsi a fare attività fisica. Lei era tra i pochi fortunati, ma questo non le aveva levato di dosso il senso pieno dell'ingiustizia che la sua classe aveva subito. Ho cercato di mettere ordine in quel caos emotivo. Se le cose erano andate veramente così (e ne ho ricevuto conferma dagli insegnanti), il maestro di ginnastica aveva sbagliato. Tutti avevano diritto a fare attività indipendentemente dalla loro conoscenza della geografia. L'indignazione provata dalla Novenne era corretta e gliel'ho confermato.

Quando noi genitori decidiamo, a differenza delle generazioni passate, di non essere a priori dalla parte dei grandi, dell'autorità, dobbiamo stare attenti a un'altra deriva. Quella di crescere bambini imprigionati nel ruolo di ribelli. La cosa più difficile è capire le cause in cui è giusto imbarcarsi. Dosare le energie destinate alla ribellione. Che non è un valore in sé, assoluto, ma inscindibilmente legato alla rilevanza di ciò a cui ci stiamo ribellando e anche alla nostra percezione personale.

Se mi fossi ribellata alla mia prima maestra di pianoforte al conservatorio, universi di conoscenza e comprensione della musica mi sarebbero stati preclusi per sempre. In quegli anni, quelli delle scuole superiori, gli umori della mia settimana si misuravano sulla distanza che mi separava dal martedì alle cinque, ora fatidica della lezione. Ricordo noi allieve alla finestra, in apnea involontaria, con gli occhi fissi sull'angolo della strada da cui sarebbe sbucata, da un momento all'altro, la sua Cinquecento bianca. Ricordo i passi fuori dalla porta e il suo ingresso in aula con un'aria bonaria, probabilmente frutto di un paio di lunghi respiri fatti prima di entrare, ma invariabilmente destinata a cambiare per causa nostra. Ricordo i rari giorni in cui la Cinquecento non sbucava. Poi entrava il custode e ci annunciava che la Signora, così la chiamavamo, non sarebbe venuta. In quell'istante ricevevo un regalo insperato: un'intera settimana che mi separava dal martedì successivo. Le allieve, tra di noi, dotate di talento abbassavano gli occhi: erano tristi, come io lo sarei stata anni dopo, il giorno in cui la Signora ci annunciò che andava in pensione. Era una maestra che sapeva parlare a chi aveva talento e umiliare chi non ne aveva, pur distillando su tutti impercettibili gocce di musicalità. In quegli anni di dolorosa resistenza, ho imparato a rispondere all'umiliazione con ancora più studio, con ancora più impegno: il seme dell'ostinazione ha iniziato a germogliare dentro di me. Non avevo talento, non un talento straordinario; lei me lo faceva capire in tutti i modi. Sei una pietra che suona, mi diceva. Ma come una pietra ero dura, caparbia, e lo divenni sempre di più per rispondere a quelle sollecitazioni. Fino ad arrivare allo stesso punto o addirittura a superare chi era trainato dal talento. Lì ho imparato che non è necessario sbattere le porte e i piedi a ogni umiliazione. A volte bisogna praticare l'indulgenza verso chi ha esercitato la propria autorità sempre in uno stesso modo. Sapere che in quel modo c'è qualcosa di sbagliato, riceverne conferma dai propri genitori, può essere sufficiente per continuare ad abbeverarsi a tutto ciò che quella persona può offrire. Il limite che non dobbiamo permettere all'autorità di oltrepassare è una percezione personale. Credo che ci sia una misura di umiliazione che ciascun essere umano può sopportare senza perdere il rispetto di sé. Bisogna volersi molto bene per capire quando la misura è colma. A me non successe mai. E quando iniziai a suonare come un umano e non come una pietra la mia ostinata resistenza fu totalmente ripagata.

Oggi la mia Signora ha 90 anni e una delle mie bambine porta il suo nome. Di maestri severi come lei ne sono rimasti pochi. Alle nostre figlie viene chiesto raramente di resistere, ma piuttosto di imparare *una nuova lezione, la numero trentuno: rispettare l'autorità gentile.* Gli insegnanti di scuola e di musica, gli allenatori sportivi, tutti lamentano di avere a che fare con una generazione priva di rispetto. Che quanto più propongono attività creative e utilizzano metodi di coinvolgimento, tanto più i ragazzi rispondono con la distrazione, il disturbo, l'indisciplina. La minaccia è di ritornare a metodi più coercitivi, che in realtà sarebbero incapaci di adottare.

So di cosa parlano.

Io pratico e teorizzo la gentilezza come forma di leadership poiché sono consapevole delle sue potenzialità straordinarie e di quanto lontano possa spingere un gruppo. Ciò non significa che non abbia sperimentato tutte le forme di ostilità che l'autorità gentile subisce nella nostra società. Il capo gentile, anche e soprattutto quando subentra a un capo scortese e autoritario, viene visto con sospetto, persino dalle persone che di quella gentilezza potranno beneficiare. È colpa del capo gentile se si scatena l'anarchia, non di chi non riesce ad autodisciplinarsi in un recinto improvvisamente più ampio. Ed è colpa del capo gentile se in un gruppo emergono le diverse personalità e non sono tutti livellati allo standard di comportamento richiesto. D'altra parte, per quanto possa ricordare, è sempre stata la gentilezza a far sì che fossi riconosciuta come leader benché non fossi né la più brava, né la più anziana, né la più esperta. Quindi sono assolutamente certa dell'efficacia del potere gentile e che esso sia il futuro della leadership, a dispetto degli ostacoli che incontra oggi.

I bambini devono imparare a riconoscere il potere nella gentilezza. Devono imparare a rispettare chi non utilizza il registro del rimprovero per ottenere attenzione. Così saranno più decisi nel ribellarsi al sopruso e all'umiliazione, perché li riconosceranno come tali e non come l'unica forma legittima in cui l'autorità può esprimersi.

Se impareranno a relazionarsi in questo modo con il potere, allora forse, quando toccherà a loro, saranno dei buoni capi. L'educazione al comando comincia da qui, da quando vediamo scorrere davanti a noi innumerevoli modelli di leadership. La strada che scegliamo di seguire da follower sarà la stessa che seguiremo da leader. Se abbiamo accettato umiliazioni per una vita, probabilmente non riusciremo a esercitare il potere che umiliando. Se avremo imparato a riconoscere l'autorevolezza nelle persone miti, che sanno chiedere scusa dei propri errori, allora saremo sulla buona strada per diventare capi gentili, che ammettono di aver sbagliato e continuano a migliorare.

16

È quasi ora di cena. Esco dalla doccia e le ritrovo sotto l'ipnosi dello specchio. Con le loro agili mani trasformano i due pareo che abbiamo comprato nel pomeriggio in un'infinita serie di vestiti, che ciascuna modella sul corpo dell'altra, ma che non reggono alla prova della sfilata improvvisata sul letto. Così si ritrovano puntualmente in mutande. E in lacrime, a forza di ridere.

«Iniziate a vestirvi, le esorto distrattamente.»

«Perché? Non possiamo uscire così?» mi chiede la Novenne senza distogliere lo sguardo dallo specchio.

«No, è sera, e il pareo si porta di giorno» rispondo, pentendomi subito dopo di aver inventato una regola tanto perentoria quanto incoerente.

«Uffa, devi sempre decidere tu» brontolano in coro.

Quando sto per cedere, visualizzo la loro camminata intralciata da quella sorta di tunica greca che arriva fino alle caviglie, mentre tutti gli altri bambini scorrazzano sul lungomare e trovo la giusta argomentazione.

«Facciamo così: voi mi garantite di scegliere un abbigliamento che vi permetta di correre e saltare al parco giochi e io non metto bocca su ciò che decidete di indossare.»

Convertito il disappunto in euforia, lasciano scivolare enormi T-shirt su shorts microscopici e scarpe da ginnastica. Il risultato è ancora più improbabile. Ma ho promesso di non fiatare. Come d'altronde faccio ogni giorno. Permettendo loro di indossare gonne e pantaloni assieme, maglie sopra camicette, calzamaglie di lana sotto pantaloncini estivi, e i cappelli di papà, evidentemente sproporzionati sulla loro testa. Così conciate, non sempre per fortuna, escono di casa piene di una spavalderia che inizia a scemare man mano che arrivano nei pressi della scuola. Dove quell'eccentricità, di cui sono pienamente consapevoli, comincia a balbettare e diventa una specie di prova di coraggio. Un passo davanti all'altro, dentro l'edificio, su per le scale. Arrivati al primo pianerottolo hanno già tirato giù lo strano copricapo. E via di seguito fino in classe.

So di cosa stiamo parlando. Di affannosi tentativi di affermarsi per differenza, soprattutto a livello estetico. Poi passa. *La lezione numero trentadue l'ho capita osservandole: se la bellezza è performance, allora i vestiti sono abiti di scena.* Strumenti al servizio della propria unicità. Esattamente il contrario dell'omologazione dettata dalla moda e dalle regole di buon gusto, a cui ho invano cercato di addomesticarle insegnando abbinamenti di colori e di proporzioni. Niente a che vedere con il codice di abbigliamento a cui facciamo riferimento noi adulti per risultare all'occorrenza autorevoli, sexy, ordinate.

Al ritorno da ogni viaggio, regaliamo alle bambine un abito tradizionale del Paese che visitiamo. Oggi hanno una collezione straordinaria di vestiti dallo Zimbabwe al Messico, dal Vietnam all'Iran, dalla Cina al Perú. Quando giocano alle sfilate di moda, li indossano repentinamente uno dopo l'altro. Si piacciono con ciascuno di essi e scoprono che la bellezza non è necessariamente una minigonna e un top stringato come imporrebbe il canone attuale. Ma può venir fuori dal velo sensuale delle nepalesi, così come dal vitino stretto delle iraniane.

Nel V secolo, ad Alessandria d'Egitto c'era una donna di nome Ipazia che insegnava astronomia. E che durante le sue lezioni rifiutava di indossare l'abito femminile tradizionale: si vestiva orgogliosamente da studiosa, come tutti gli insegnanti maschi. Milleseicento anni dopo, nel 1968, alcune donne boliviane, le *cholitas*, decisero di scalare le Ande, ma per farlo non rinunciarono alle loro gonne ampie che indossavano sopra i ramponi.

Il punto è che non esistono regole di abbigliamento valide per tutti. Se proprio dobbiamo insegnare qualcosa alle nostre figlie è il coraggio di essere autenticamente se stesse anche attraverso i vestiti.

Chimamanda Ngozi Adichie, nel discorso che l'ha consacrata nuova voce del femminismo contemporaneo, racconta la sua prima lezione di scrittura in università.[1] Era preoccupatissima, e non per la materia che avrebbe insegnato, ma per cosa avrebbe dovuto indossare. Temeva che, mostrandosi troppo femminile come era solita vestirsi, non sarebbe stata presa sul serio. Così rinunciò a lucidalabbra e gonna corta e indossò un tailleur molto mascolino. "Vorrei non averlo fatto" dice anni dopo. "Se avessi avuto la fiducia in me stessa che ho adesso, i miei studenti avrebbero potuto imparare ancora di più."

Perché la bellezza può essere utile a farsi ascoltare da una platea, a far passare la propria idea, addirittura a farsi assumere, se per bellezza intendiamo la luce che abbaglia chi si ha di fronte, tenendo il suo sguardo alla larga dai difetti e facendogli arrivare dritto al cuore il pensiero, l'animo di una persona.

Messe davanti all'armadio senza alcuna sovrastruttura imposta dagli adulti, le bambine inseguono naturalmente questo codice di bellezza-verità, che le fa adorare certi vestiti e odiare altri. L'idea stessa di utilizzare un abito per sedurre difficilmente sfiora la loro mente. L'unico arbitro deputato a sancire il raggiungimento o meno dell'obiettivo-bellezza sono loro stesse. Talvolta noi genitori sentiamo il dovere di proteggerle dal ridicolo. Ma come racconta Simone de

[1] Chimamanda Ngozi Adichie, *Dovremmo essere tutti femministi*, Einaudi, Torino 2015.

Beauvoir, non c'è niente che da bambina la paralizzasse di più che l'accusa di essere ridicola da parte di sua madre.[2] Bisognerebbe imparare a trattenersi: non possiamo difenderle a vita da se stesse o dagli altri, ma possiamo renderle forti e capaci di difendersi da sole, se le facciamo sentire accettate.

L'unico parametro con cui cerco di influenzare la loro scelta di abbigliamento quotidiano è la comodità: le ragguaglio su cosa dovranno fare dopo scuola o nel corso della giornata, quando di sicuro non vorranno sentirsi limitate da una gonna stretta o un pantalone scomodo. Esattamente come ho fatto prima di uscire, penso, mentre le osservo saltare agilmente sugli elastici.

La serata scivola via tra bancarelle, giri di giostra e forsennate danze sui pannelli fotovoltaici che compongono il *Saluto al Sole* e che restituiscono con giochi psichedelici di luci tutta l'energia che hanno accumulato durante il giorno, regalando alle bambine uno stato di eccitazione da cui cerco di farle uscire allungando all'inverosimile il percorso per rientrare a casa. Nel farlo ho anche un altro obiettivo: trovare un'imbarcazione che l'indomani ci porti alle isole Incoronate.

[2] Simone de Beauvoir, *Memorie di una ragazza perbene*, Einaudi, Torino 1960.

17

All'improvviso, il silenzio. Alziamo lo sguardo dai nostri libri e ci accorgiamo che abbiamo lasciato il mare aperto con la sua sinfonia di onde, vento e motori. La nostra imbarcazione scorre lenta tra enormi gobbe di cammello che emergono da un'acqua improvvisamente verde cristallina, di cui intravediamo il fondo. I morbidi promontori, ricoperti da una peluria gialla e qualche ciuffo verde di sporadici alberi, svelano dal lato opposto rocce bianche scolpite dal vento che piombano in mare. Siamo nel mezzo dell'arcipelago delle isole Incoronate, talmente brulle da essere un museo all'aria aperta di sculture della natura. Ed è subito una gara a discernere somiglianze in quelle rocce di un bianco abbacinante. Scheletri, elefanti, sagome umane. Ciascuna finge di riconoscere le forme indicate dall'altra nella speranza di vedere riconosciute le proprie. Pensavamo di essere quasi arrivate ma continuiamo a navigare per almeno un'altra ora in mezzo a questo deserto semiemerso. Le uniche tracce di vita sono le barche a vela, che come coppiette in un enorme parco, se ne stanno appartate in piccole baie, mettendo quanta più distanza possibile tra sé e gli altri umani. Anche noi procediamo lentamente in cerca del nostro angolo privato di bellezza.

Finalmente, attracchiamo. Un'intera isola deserta a nostra disposizione che possiamo esplorare in lungo e in largo. Non c'è nulla come la parola "esplorazione" che nelle bambine riesca a vincere la fatica, la pigrizia, il caldo. Se c'è da esplorare, allora la strada non è mai lunga, la salita non è mai dura. Questo è un altro grande regalo ricevuto dal papà negli anni della prima infanzia, in cui vivevano ogni giornata della loro vita e ogni luogo in cui risiedevano come un territorio vergine da scoprire. Da uno a tre anni, non c'era albero su cui non le aiutasse ad arrampicarsi o anfratto in cui non le facesse intrufolare. A muoverlo non era uno scopo educativo: solo la memoria di cosa amava fare da bambino, utilizzata per mettersi in connessione con loro, senza alcuna sovrastruttura di genere.

Col passare del tempo, l'esplorazione è divenuta un'attività autonoma. Prima all'interno di spazi protetti – un ristorante, un albergo – poi via via sempre più grandi e selvaggi – un parco, un fiume di montagna, una radura.

Le pietre sono il bottino principale di queste esplorazioni, o per lo meno ciò che non marcisce prima di ritornare alla base. Una volta, in montagna, risalendo un sentiero che ci aveva condotto a delle pitture rupestri notai che i pantaloni della grande cascavano a terra. "Oddio quanto è dimagrita" pensai evocando i demoni della denutrizione sepolti nelle mie memorie d'infanzia. Invece si scoprì che le braghe erano spinte a terra dal peso delle pietre che portava nelle tasche. Da quel giorno abbiamo preso l'abitudine di agganciare un sacchetto allo zaino, dove loro possono riporre volta per volta i ritrovamenti. Mi sono sempre chiesta dove finissero quei bottini di viaggi ed escursioni. Mi sono data una risposta quando abbiamo traslocato e negli anfratti più sperduti della vecchia casa abbiamo rinvenuto scatole di pietre raccolte chissà dove, molte nei giardinetti del nostro quartiere, immagino. Perché non c'è bisogno di andar lontano per esplorare. Uno dei nostri libri preferiti è *Come diventare un esploratore del mondo*,[1] dove sono sug-

[1] Keri Smith, *Come diventare un esploratore del mondo: museo (d'arte) di vita tascabile*, Corraini, Mantova 2011.

gerite tantissime cose che si possono raccogliere nelle città, dalle scritte sui muri ai tappi di bottiglia. Per poi catalogarle in modi divertenti.

In tante situazioni complesse, esplorare le rende sufficienti e necessarie a se stesse. Durante i viaggi o i momenti di vita all'aria aperta, non dobbiamo badare a occupare il loro tempo o a catalizzare il loro interesse. Ci pensano da sole, trovando tutto il necessario a portata di occhi e mani. Trasformano le grosse foglie in scope volanti, adottano lumache, intrecciano fiori, fanno volare i fili d'erba come missili di carta, costruiscono remi, dighe, canne da pesca.

La passione per l'esplorazione ci viene in soccorso anche in uno dei momenti più temuti dai genitori di figlie femmine: l'acquisto delle scarpe. In Inghilterra le mamme sono in rivolta contro le case produttrici poiché sostengono che i modelli femminili sarebbero meno adatti alla vita all'aria aperta e all'attività fisica di quelli maschili. Certo, anch'io devo ingaggiare battaglie ogni volta che si tratta di comprare un nuovo paio di scarpe e anch'io ho dovuto arrendermi di fronte alle ballerine tutte strass che campeggiavano in una vetrina del mio quartiere. Ma con il passare del tempo, mi è bastato tirar fuori la parola magica "esplorazione" per vederle orientarsi su modelli di tipo diverso rispetto a ciò verso cui la vanità e il gioco dello specchio le avrebbero spinte. Io non penso che le bambine siano limitate, ma che abbiano più scelta. E quindi più bisogno di essere orientate. Nessuno impedisce loro di giocare, di esplorare, di arrampicarsi sugli alberi. Men che meno un paio di scarpe. La scelta di ciò che vogliono essere è nelle loro mani.

Finirà questo idillio con la natura man mano che avanza l'età? Non è detto. Penso che le esplorazioni diventeranno sempre più complesse. E che a farle ripiegare in casa potrebbe essere la nostra paura del rischio e del pericolo, più che la loro perdita di interesse verso questa attività.

La lezione numero trentatré forse dovremmo ricordarcela noi genitori: esplorare vuol dire imparare. Questo avventurarsi autonomo in spazi sconosciuti non è altro che una forma di autoapprendimento. Imparo perché guardo, osservo, scopro. E mi diverto.[2] Sì, certo, un libro è meno pericoloso e ti fa arrivare più lontano. Ma niente ti rimane impresso come ciò che scopri con l'uso dei cinque sensi.

"Dalla zia, come dal nonno, mi lasciavano correre in libertà sui prati, e potevo arrivare dappertutto. Grattando la terra, impastando il fango, gualcendo foglie e corolle, pelando le castagne d'India, schiacciando col calcagno le galle piene d'aria, imparavo ciò che non insegnano né i libri, né l'autorità." Così Simone de Beauvoir descriveva le sue estati in campagna, gioiosa parentesi alla sua infanzia parigina, vissuta "sotto la cappa degli adulti", e costretta "ad accettare la loro versione del mondo senza criticarla".[3]

Qualche mese fa, in Nepal, durante un trekking itinerante nel basso Mustang, tagliavamo in diagonale su per un dolce pendio che ci conduceva a una stupa. Una nebbia sottile ma carica di goccioline creava un'atmosfera surreale. Le bambine, a un certo punto, si impiantarono come muli. "Noi restiamo qui a esplorare, raggiungetela voi la stupa" ci dissero con insolita fermezza. I nostri occhi si voltarono verso la guida nepalese che ci accompagnava, il quale, senza intendere una parola di italiano, se non quelle apprese negli ultimi sei giorni trascorsi insieme, aveva capito l'istanza delle bambine e si offrì di rimanere a fare la guardia. Eravamo a quattromila metri e interpretammo la richiesta come effetto della stanchezza. Invece no, avevano visto qualcosa che noi non vedevamo.

Il pendio, ci mostrarono al ritorno, era punteggiato da muretti di pietra che cingevano al loro interno piccoli rifugi, sempre di pietra, dove si entrava con la testa piegata. Erano i bivacchi di fortuna dove sostano i *sado baba*, ossia i pellegrini che arrivano fin qui dall'India a piedi per pre-

2 "Imparare e divertirsi sono la stessa cosa per una bambina felice" scrive Steve Biddulph, *Crescere figlie femmine*, TEA 2013.
3 S. de Beauvoir, *op. cit.*

gare nel vicino tempio di Muktinath da cui provenivamo anche noi. Dopo averli esplorati, la loro attenzione si era focalizzata sulle pietre. La guida mostrò che ce n'erano alcune in grado di scrivere al pari di gessetti e, utilizzando un masso come lavagna, si erano messi a vergare i rispettivi nomi in italiano e in nepali. Ma che avessero imparato qualche grafema della lingua locale lo scoprimmo solo quella sera a cena. Perché quando ritornammo al punto in cui li avevamo lasciati, erano tutti e tre alle prese con un'attività appassionante: la ricerca dei saligrama, ossia i fossili di ammoniti di cui quella regione era ricchissima e che per la religione indù sono sacri. Dissotterravano dalla collina delle pietre nere e tonde, e le rompevano sbattendole in terra: quelle giuste si spaccavano in due metà perfette, svelando al proprio interno, scolpito in maniera tridimensionale, il guscio di un'ammonite.

Mentre le osservo avventurarsi tra le rocce bianche che spuntano dal suolo come lame taglienti, ripenso a quanto avevano imparato su quel pendio nepalese e in quel ricordo cerco un vago conforto. Sono una donna coraggiosa ma una madre apprensiva, e guardarle da lontano mentre si muovono in spazi ignoti e pieni di pericoli mi richiede un grande sforzo di autocontrollo. Ma ho imparato a starmene a distanza e a immaginare che dai miei occhi fuoriesca un fascio protettivo che le avvolge finché non perdo il contatto visivo. Purtroppo il fascio non le protegge sul serio e spesso, proprio sotto i miei occhi, le ho viste farsi male più o meno seriamente. Ma è così che deve essere. Io mi alleno a lasciarle andare e loro fanno prove di volo.

18

La lunga giornata di navigazione ci ha lasciato addosso una piacevole spossatezza e un calore febbricitante che sembra irradiarsi da ogni parte del corpo. Ma non possiamo riposare a lungo: è l'ultima sera a Zara e dobbiamo ancora mantenere la promessa fatta a papà, visitare il museo del vetro antico. La solerzia con cui le piccole escono di casa si spiega solo con l'assenza del padre, che ha trasformato la promessa in una prova d'amore.

Quando sbuchiamo dal nostro portoncino sulla via principale del centro storico, notiamo qualcosa di strano che non afferriamo immediatamente. Un senso di attesa fa sostare i negozianti sull'uscio delle botteghe e le anziane in piccoli crocchi agli angoli delle strade. Il mistero si svela poche centinaia di metri più avanti, quando un addetto al museo ci blocca all'ingresso con aria stupita:

«Ma come, non ve ne siete accorte? C'è un black out da diverse ore. Il museo non si può visitare.»

Ecco spiegato l'arcano della città sospesa. Manca la luce e tutto si ferma. La nostra serata, orfana della sua missione principale, sembra svuotata di senso. Iniziamo a vagare senza meta, tra palazzi di pietra accesi dal tramonto e piazzette deserte, che presto brulicheranno di gente. Una bandiera davanti a un portone recita "Museo delle illusioni". Ci affacciamo e scopriamo che un generatore di corrente garantisce un'illuminazione fredda e rumorosa. Il dubbio se visitarlo o meno non si pone dal momento che le bambine sostano già ipnotizzate davanti a uno strano quadro. «Guardatelo a lungo» sussurro, leggendo la didascalia. «Noterete che inizia a ruotare da solo.» Le lascio immerse nella trance da acido provocata dal disegno e torno all'ingresso per pagare il biglietto. Dopo di che mi immergo con loro in un viaggio attraverso le più celebri illusioni. C'è la stanza di Ames, che fa apparire giganti o nani a seconda dell'angolo in cui ci si posiziona, il tavolo che inghiotte il corpo e lascia spuntare la testa, la sala degli specchi, i rompicapi ottici. Esploriamo voracemente tutte le attrazioni. Poi, come fossimo al luna park, ricominciamo il giro soffermandoci sulle più belle.

Ben presto impariamo che le illusioni "funzionano" solo se le osservi da un determinato punto di vista, che viene indicato per terra con l'impronta di due piedi. Non appena sovrapponi i tuoi a quelli disegnati, il mondo appare magico, incredibile, capovolto.

Questa è la *lezione numero trentaquattro: cambiate continuamente prospettiva.* Guardate i problemi, la vita, le persone da angoli diversi. Lasciatevi sorprendere come state facendo adesso. Prima di sbattere la testa contro qualcosa che non riuscite a cambiare, provate a guardarla da un'altra postazione. Il mondo è un grande museo delle illusioni dove nessuno traccia per terra i due piedi dove posizionarsi. Nessuno vi dice qual è il punto di vista giusto. Dovete andarvelo a cercare. Ma questo è anche il bello.

Non so bene come si faccia a trasmettere questa lezione. Io credo di continuare a impararla viaggiando e questo è uno dei motivi per cui, fin da quando sono piccoline, le trasciniamo da un capo all'altro del mondo. È più facile cambiare prospettiva quando cambi continente, emisfero, clima, religione. Ma devi farlo veramente. Ecco perché, non solo viaggiamo, ma cerchiamo di spogliarci del nostro stile di vita. A qualcuno può sembrare voglia di avventura, sete di esperienze estreme, invece è solo il tentativo di indossare nuovi occhi.

Avevano 7 e 4 anni quando le abbiamo portate a visitare una township sudafricana, ossia uno di quegli enormi agglomerati urbani dove i neri erano costretti a vivere durante l'apartheid e ancora oggi risiedono senza bianchi. I più fortunati abitano in case popolari: ogni stanza ospita 3 o 4 famiglie per un totale di 25 persone. La maggior parte, invece, vive dentro container destinati al trasporto merci: scatole di metallo colorato con dentro un letto, un comodino, talvolta il frigo e la televisione, nessuna presa d'aria se non la porta che rimane aperta sulla strada tutto il giorno. I bagni sono all'esterno, ma bisogna svegliarsi molto presto per andarci, altrimenti si creano file interminabili. Le famiglie ancora più povere abitano dentro baracche di lamiera: aspettano una casa assegnata dal governo, ma possono volerci anni. Poi ci sono le abitazioni di chi ce l'ha fatta: medici e avvocati nati qui, che hanno voluto continuare a viverci anche dopo gli studi. I loro villini, disposti uno in fila all'altro, nella strada che tutti soprannominano Beverly Hills, sono la *hall of fame* della township, il simbolo di cosa si può ottenere se ci si dà da fare sul serio.

La Settenne, mentre camminava per quelle strade malconce, tra cumuli di immondizia e rivoli di acque putride, non alzava lo sguardo dai suoi piedi. Non per disgusto e neppure per paura, credo, ma per pudore. Non capiva cosa ci fosse da vedere nella povertà. Io, nella confusione di buone intenzioni e pessime esecuzioni, volevo che lei riconoscesse il kit di privilegi con cui siamo venuti al mondo, per dirla come la scrittrice Allison Vale.[1] Ma era troppo presto e troppo colpevolizzante. Non è un merito e neppure una colpa essere nata nella parte fortunata del mondo. Così, di lì a poco, mi sono sentita incredibilmente stupida. Anch'io

[1] "Grandi cose sono possibili quando cominci a usare il tuo invisibile kit di attrezzi in nome di ciò che è dovuto agli altri." A. Vale e V. Ralfs, *op. cit.*

sono cresciuta con lo spettro dei bambini del Biafra che aleggiava sul mio piatto pieno, ma questo non mi ha reso più responsabile o riconoscente per ciò che possedevo.

Poi la sua attenzione è stata attratta da un gruppo di ragazzi di età varia che giocavano con la corda e sembravano divertirsi da matti. Nei suoi occhi si è dipinta la stessa sorpresa che prova adesso, quando scopre una nuova illusione ottica posizionando i piedi sulle orme nere. Non si aspettava di riconoscere in quel pezzo di mondo, pieno di dolore e miseria, la stessa felicità che provava lei con le sue amichette al parco. Fino ad allora l'avevo vista, con gli occhi pieni di terrore, cercare un varco per fuggire a decine di bimbetti moccolosi che l'avevano accerchiata in un villaggio, tentando di toccare la sua pelle bianca. La diversità che lei rappresentava era un enorme ostacolo, che le impediva di avvicinarsi ai suoi coetanei. I ragazzi duri della township, invece, non la degnavano di uno sguardo, così lei poteva starsene a guardare indisturbata e a godere di quella somiglianza improvvisamente trovata. La felicità la riconosci perché parla la stessa lingua in tutto il mondo. E perché, dentro, c'è un bambino che si sente a casa.

Negli anni successivi, le ho viste insegnare a giocare a scopa a un gruppo di piccoli peruviani che parlavano solo quechua e apprendere da loro, pazientemente, l'arte della tessitura. E le ho viste provare a comunicare con i coetanei messicani scambiandosi disegnini sui rispettivi quaderni di scuola.

Partiti in Africa per insegnare a una Settenne italiana quanto è fortunata senza saperlo, stavamo imparando, grazie a lei, che dovremmo viaggiare non tanto per scoprire ciò che è diverso ma per riconoscere ciò che è uguale. E, procedendo per somiglianze, avvicinarci anche alle differenze.

Continuando a girare per il museo delle illusioni, ci soffermiamo sull'enigma di una stanza bizzarra, con divano e lampada appesi alla parete. Una telecamera capovolta riprende la scena e la restituisce su uno schermo, dove la stanza appare normalissima, con il divano e la lampada in terra. Quante volte ci accontentiamo di guardare il mondo con gli occhi degli altri, che come questa telecamera ci restituiscono dritto ciò che è storto o viceversa? L'Africa e il cosiddetto Sud del mondo, visti dall'Europa, attraverso gli occhi altrui, appaiono poveri e senza speranza, bisognosi del nostro aiuto, ma anche colpevoli del loro male. Se li guardi da vicino e con i tuoi occhi, invece, le somiglianze diventano subito evidenti. I desideri che muovono le persone sono gli stessi. Dobbiamo smetterla di accontentarci di rappresentazioni mediate e semplificate. Dobbiamo spostarci, guardare di persona, cambiare prospettiva.

19

"Ma se noi chiamiamo 'di colore' quelli con la pelle nera, anche loro dovrebbero chiamarci così, giusto?" Questa frase la pronunciò l'allora Settenne sul volo di ritorno dal Sudafrica. Aveva fatto il salto di prospettiva più difficile: si era messa nei panni dell'altro, stava guardando se stessa con gli occhi di chi aveva di fronte. Che è il meccanismo base dell'empatia, ossia la capacità di sentire le emozioni altrui.

L'empatia è femmina, ma per ragioni culturali, non biologiche. Anzi, dal punto di vista scientifico è una caratteristica innata di tutti gli esseri umani ed è stata anche fondamentale per la sopravvivenza della nostra specie.[1] A un certo punto, però, l'educazione all'accudimento, alla comprensione e al perdono sono diventate prerogativa femminile. "Il ruolo delle donne richiede che fin da giovanissime imparino a essere sensibili alle necessità e agli atteggiamenti degli altri" scriveva lo psicologo americano Gordon Allport.[2] Ed è vero. Veniamo programmate fin da piccole

[1] "Il biologo evoluzionista americano David Sloan Wilson sostiene che l'evoluzione umana è stata possibile solo grazie alla repressione degli istinti egoistici a favore di comportamenti volti al bene collettivo" scrive la psicologa Cristina Milani nel suo interessantissimo *Forza nascosta della gentilezza*, Sperling & Kupfer, Milano 2017.

[2] Gordon W. Allport, *Psicologia della personalità*, Las, Roma 1987.

per prenderci cura del prossimo, intuirne i bisogni, i desideri, gli stati d'animo.

Un altro fardello sulle nostre spalle? Un'ennesima limitazione? Per qualche tempo ho pensato che fosse così. Quando muovevo i miei primi passi da direttore, ho incontrato uomini che mi hanno spiegato cosa mi mancava per essere un buon capo.[3] O meglio, cosa avevo e secondo loro non avrei dovuto avere: l'empatia, quel viziaccio tutto femminile di essere comprensiva. Strategico tra le mura domestiche, mi dicevano, ma ai fini della carriera no, è un autogol, ti metteranno i piedi in testa, vedrai. Ci ho creduto, ma ho dovuto fare di necessità virtù. L'educazione cattolica, mista a una galleria di modelli prevalentemente femminili, aveva impresso a fuoco su di me il marchio dell'empatia. Ricordo che nelle preghierine della sera chiedevo a Gesù di mandare a me tutte le malattie o i raffreddori destinati alla mia famiglia, poiché le sofferenze altrui mi risultavano meno sopportabili delle mie, tanto le vivevo intensamente. Liberarmi da adulta di un'eredità culturale così forte mi risultava impossibile. Ho dovuto conciliarla con il mio ruolo, scoprendo che, slegata da ogni imposizione di genere, l'empatia è uno strumento straordinario. Un dono, finalmente, che noi donne riceviamo dall'educazione tradizionale.

Qualche anno fa, un professore americano di nome Edward D. Hess si è messo a studiare i leader delle aziende più sane e performanti, per capire quali fossero le caratteristiche ricorrenti nelle persone che portavano le loro imprese al successo. Il risultato è stato sconcertante. Al posto di manager carismatici, ingombranti e visionari, si è trovato in presenza di leader gentili, che ascoltavano i loro collaboratori guardandoli negli occhi, senza scorrere contem-

[3] La giornalista e scrittrice Rebecca Solnit ha coniato il termine *mansplaining* per definire l'atteggiamento degli uomini che spiegano alle donne qualcosa di cui loro talvolta sono più esperte, con il tono di chi parla a una persona stupida.

poraneamente i messaggi sul cellulare, che dicevano grazie e scusa quando serviva. In una parola: persone empatiche.

Probabilmente il vento è cambiato e oggi ci sono uomini che spiegano alle donne l'importanza di essere empatici. Ma voi non aspettate che arrivi qualcuno a insegnarvi ciò che sapete già: *non abbiate paura di essere empatiche è la lezione numero trentacinque.*

Che poi l'empatia è tutta una questione di allenamento. Se generazioni di donne sono state addestrate a prendersi cura e a interpretare i bisogni altrui, allora oggi le nuove generazioni di maschi e femmine possono imparare a chiedersi, al cospetto dell'altro: se ci fossi io al posto suo?

È un gioco che faccio spesso con le mie figlie, tutte le volte che mi raccontano di relazioni controverse.

Un giorno la Novenne mi confidò di aver risposto a una scarica di calci di un suo compagno di classe, prendendolo in giro per il fatto che scoppiava a piangere tutte le volte che sbagliava un compito.

"Il tuo obiettivo era umiliarlo o farlo smettere?" le ho chiesto.

"Farlo smettere di darmi calci, ovviamente."

"E allora, prova a metterti nei suoi panni: smetteresti di picchiarla se la tua vittima iniziasse a rinfacciarti una tua debolezza o la picchieresti ancora più forte e con più rabbia?"

È un gioco che non dà mai risultati immediati. L'interlocutore rimane ottusamente della sua idea per qualche tempo, ma il metodo attecchisce non appena ci si accorge che conduce alla soluzione dei problemi.

L'empatia ha anche il potere di liberarci dalle nostre paure. Quando andava alla scuola materna, la Novenne ebbe per qualche tempo un'ossessione per i ladri. Le spiegavo che qualsiasi cosa ci avessero rubato avremmo potuto ricomprarla, che non c'era nulla di importante di cui potessero privarci veramente. Eppure, anche di fronte a questa consapevolezza, il suo terrore rimaneva forte. Probabilmente non nasceva dalla paura di perdere qualcosa, ma dall'idea di uno sconosciuto che si intrufolava nella nostra vita, si insinuava in un nostro spazio modificandolo a nostra insaputa. Così ho pensato che dovevo agire sulla figura del ladro. Dovevo dare un volto e una ragione alle sue azioni. Presi dalle cronache locali la storia che più mi faceva gioco e la raccontai alla piccola, insistendo sulla vita privata di questo ladro e su quelle che dovevano essere le sue emozioni. Da quel giorno la paura scomparve. Tempo dopo le maestre mi raccontarono che mia figlia consolava le sue amiche, evidentemente ossessionate dalla stessa paura, dicendo che non dovevano temere: i ladri erano persone tristi e bisognose. Arrossii: forse avevo un tantino esagerato. E tornai a casa a controllare che non avesse lasciato volontariamente la porta aperta per accoglierli.

20

Il risveglio nel giorno della partenza è il più flemmatico. La colazione la più imbronciata. Hanno appena iniziato a sentirsi a casa che già tocca trovarne una nuova. Che non sarà mai bella come questa. Se poi di mezzo ci metti uno spostamento in auto, la tragedia è completa. Ed ecco spiegato l'abituale umore delle nostre ripartenze. I due esserini scompigliati si muovono alla velocità dei bradipi tentando di boicottare la mia insolita efficienza – valigie pronte, colazione in tavola – con un broncio magistrale. Che innesca il mio classico sermone su quanto siano fortunate a poter girare il mondo. Che a sua volta innesca la loro replica: ma chi te l'ha chiesto? Noi stiamo bene a Mi-la-no.

L'epopea dei nostri viaggi ha involontariamente costruito l'immagine di due bambine fuori dal comune, che amano camminare per ore, cambiare letto ogni giorno, lavarsi con metodi di fortuna, visitare siti archeologici e musei. Niente di più lontano dalla realtà. Come tutti i bambini del mondo, la Novenne e la Seienne odiano i trasferimenti in auto, brontolano se devono camminare a lungo e storcono il naso di fronte a stanze e bagni particolarmente spartani. Non c'è alcun dubbio che la più affollata delle spiagge, che si affaccia sul più marrone dei mari, che batte il ritmo della più tamarra delle hit estive, per loro sia infinitamente meglio che questo continuo andare. A chi le interroga sulla cosa più bella vista in viaggio, in genere rispondono col nome di un albergo particolarmente attrezzato o di un parco divertimenti. Perché, dunque, svegliarle all'alba e costringerle a ripartire quando potremmo stare fermi in un posto?

Ritorno alla lezione numero quattro, quella sulla felicità. Generazioni di mamme hanno costruito le proprie vacanze sui bisogni dei bambini. Tralasciando la propria felicità. Che è essa stessa un bisogno primario dei figli: avere genitori allegri, che si divertono, che provano piacere nello stare con loro.

E poi c'è un'altra motivazione. Trascorrere le vacanze in posti che non sono esplicitamente programmati per il divertimento dei bambini, costruire il programma di viaggio contemplando le esigenze di tutti insegna loro *una lezione importantissima, la numero trentasei: sapersi divertire è una vera e propria competenza*. Esige impegno, allenamento.

Tra i racconti epici della nostra famiglia, quelli ambientati ai tempi della guerra e negli anni immediatamente successivi riguardano feste più o meno clandestine. Non c'è stato un momento drammatico della recente storia italiana in cui un radiolone che trasmetteva musiche da ballo non sia stato posizionato in una o nell'altra casa, a sciogliere nella danza l'incertezza per il futuro. Non ho storie di eroi o di partigiani nel mio albero genealogico. Resistere era andare avanti senza perdere il gusto dello stare al mondo, riuscire a divertirsi nonostante tutto. La dimensione epica di questa capacità era data dal fatto che non apparteneva a tutti. In ogni generazione emergeva un leader carismatico, incaricato di creare la situazione e l'atmosfera giusta perché tutti gli altri fossero messi nelle condizioni di divertirsi, di dimenticare i problemi, di ricavarsi un attimo di follia.

Nella generazione di cui sono stata testimone, il leader del divertimento era indubbiamente mia madre. Che scandiva il calendario annuale di feste. Prima quella di Carnevale, poi quella della Donna, infine quella del Raccolto.

Se un anno organizzava una nuova festa, dall'anno dopo essa diveniva un appuntamento fisso, un giorno rosso sul calendario. E ogni nuova cerchia di persone frequentata veniva invitata al primo evento disponibile, per cui il numero di partecipanti aumentava di stagione in stagione e gli spazi si ingrandivano. L'organizzazione di queste feste iniziava settimane prima, con una lunga serie di telefonate di invito, dense di risate e aneddoti relativi alla stessa festa dell'anno precedente, che servivano a predisporre l'interlocutore nello stato d'animo più propenso al godimento. I preparativi includevano la scrittura di rime che dovevano sembrare improvvisate sul momento, ma che mia madre si appuntava meticolosamente in anticipo. E che mettevano in versi aneddoti recenti o punti deboli dei presenti, divenendo una vera narrazione orale parallela della nostra storia familiare. In quei giorni di preparazione, che eccitavano profondamente noi bambine, non ho mai visto mia madre preoccupata per la riuscita di una festa. Per divertirsi bastava deciderlo e lei poteva contare su decine di cugine che nel momento stesso in cui arrivava la sua telefonata avevano stabilito che quella sera si sarebbero divertite. E avrebbero registrato situazioni e aneddoti per tramandare la memoria di quel divertimento e garantire la sua sopravvivenza negli anni a venire. I nuovi arrivati venivano travolti dall'umore generale e non potevano che esserne contagiati. Il fulcro di queste feste era il ballo. E quando rivedo con gli occhi di oggi le dimensioni della prima cantina in cui si sono svolte, dove riuscivamo a ballare in trenta, non posso che rimanerne stupita. Le limitazioni rappresentavano un moltiplicatore del divertimento e non un inibitore.

«Dove stiamo andando?» mi chiedono in auto, quando ormai si sono rassegnate al fallimento dei loro metodi di dissuasione dalla ripartenza e iniziano a guardare avanti cercando un motivo di ottimismo.

Con tono sostenuto e apparente scientificità, descrivo loro il luogo dove le sto portando: il parco nazionale di Cherca è un altro miracolo della sorprendente natura croata. La stessa architettura di cascate, laghi e boschi di Plitvice. Con in più un bonus: qui ci si può fare il bagno.

Le intravedo dallo specchietto battersi silenziosamente un cinque e lanciarsi uno sguardo di intesa acceso di entusiasmo. La verità è che i bambini posseggono già la competenza di divertirsi. Non hanno bisogno di niente. Anzi, hanno bisogno di tranquillità e autonomia per potersi inventare giochi.

All'inizio ci affannavamo a fare il lavoro al posto loro, a trovare occasioni di divertimento in ogni meta. Poi abbiamo capito che il nostro unico compito era di non viaggiare di fretta. E così: escursione nella giungla? Ci perdoni, guida, se andiamo un po' più lenti, ma noi ci si arrampica su ogni liana. Siti archeologici nel deserto? Facciamo giusto due rotolate su quella duna: torniamo subito. E poi scivoli naturali, cavalli, fontane. Il mondo, se lo guardi con i loro occhi, è tutto un parco giochi. Devi avere tempo e pazienza. Ma se trascini un cucciolo d'uomo dall'altra parte del globo, è il minimo che tu possa avere: tempo e pazienza.

Il loro complice naturale in quella ricerca del divertimento è sempre stato il papà. Nella spartizione di ruoli in cui siamo pian piano scivolati, un po' per scelta, un po' per indole, io mi sono presa lo spazio dell'accudimento e lui quello del gioco. Perdersi a costruire qualcosa senza accorgersi del tempo che passa. Mettersi a guardare un cartoon e ridere alle stesse battute. Uscire cinque minuti per andare al parco e tornare sporchi, graffiati ma soddisfatti di aver scalato un ramo ancora più in alto. È lo spazio della leggerezza. E molte donne che conosco, inclusa chi scrive, non se lo concedono, pensando che non siamo lì per divertirci ma per garantire che tutto funzioni.

21

Parcheggio, prendo informazioni, raggiungiamo l'imbarcadero, ci mettiamo in coda, saliamo sul traghetto, sbarchiamo. Finalmente la Skradinski Buk, la cascata più spettacolare del parco: un muro d'acqua lungo 800 metri che si scaglia con violenza fragorosa nel letto del fiume, che in questo punto si è dilatato prendendo le sembianze di un lago. Milioni di goccioline si sollevano, come sbuffi di fumo attraversati da piccoli arcobaleni. La visione ci lascia lì per lì immobili, al pari delle migliaia di persone che quel giorno hanno avuto la nostra stessa idea.

A questo punto, fosse stata una vacanza come le altre, io mi sarei seduta sotto un albero in mezzo a decine di tovaglie da picnic e madri in sovrappeso, a controllare con un occhio il nostro zaino, con dentro documenti, carta di credito, contante, chiavi dell'auto, e con l'altro le bimbe. Che nel frattempo si sarebbero lanciate in acqua con il papà. Per un po' avrei tentato di mantenere il famoso contatto visivo con fascio protettivo annesso. Poi li avrei persi, perché il papà le avrebbe spinte oltre i loro limiti. Io mi sarei fidata, come lui fa con me, e mi sarei messa a leggere un bel libro, per poi raggiungerli con gli asciugamani all'uscita dall'acqua gelida del fiume. Tutto sommato, non mi sarebbe spiaciuto. Non mi ci ha messo nessuno in questo ruolo, mi ci sono trovata e neppure troppo scomoda. Chi mi conosce, in questi momenti non mi riconosce. Sono quella che si immerge nelle acque più fredde, dolci o salate, dalla Lapponia alla Bretagna, che si lancia con il parapendio e con il bungee jumping. Ma quella è la donna. Poi c'è la madre. E come tale, tengo la situazione sotto controllo, e mentre gli altri si divertono, monitoro che tutto funzioni.

Questo, però, non è un viaggio come gli altri. A rimanere sotto l'albero sarà il nostro zaino, con tutto ciò che di prezioso ci portiamo dietro. Io mi avventuro con le piccole alla ricerca del miglior punto da cui entrare nel fiume. Gli argini sono fangosi e nei loro pressi l'acqua è torbida: non resta che procedere lentamente un piede dopo l'altro, facendo affidamento sull'unico senso attivabile, il tatto, per schivare rocce, radici e chissà cos'altro. Questo incedere alla cieca, su un fondale fangoso, è il motivo per cui mi bagno di rado nelle acque dolci. Ma è un fastidio che le due non percepiscono neppure, abituate come sono a immergersi in ogni pozza a loro disposizione. Faccio strada alle bambine fin dove la limpidità dell'acqua ci restituisce la visione dei nostri piedi e un po' di serenità. Ma è proprio in quel punto che, inatteso, il fiume decide di rivelarsi come tale e la corrente stacca dalla mia mano la Seienne, che inizia a muoversi involontariamente, piantando i suoi occhi spaventati nei miei, quasi a voler costruire con lo sguardo una corda a cui aggrapparsi. Per fortuna, il suo involontario viaggio è arrestato da una roccia semi affiorante, sulla quale si arena dolcemente.

Il gioco si fa duro. E la percezione di essere alle prese con un'avventura accende i loro occhi di entusiasmo e attenzione. Siamo pronte alla missione che ci siamo prefissate all'arrivo: raggiungere il punto più vicino alle cascate in cui è possibile andare. La meta è un cordone galleggiante che intima il limite da non oltrepassare e al quale potremmo aggrapparci per riposare, ma prima ci tocca un tratto controcorrente che sembra infinitamente lungo. La tecnica, dopo la piccola disavventura della Seienne, risulta chiara: le rocce affioranti che puntellano il fiume saranno i nostri punti di ristoro. L'arrivo a ognuna di esse è festeggiato come il superamento di un quadro finora insoluto in un videogame. Talvolta negli occhi delle piccole la paura prende il sopravvento, ma non sta a me incoraggiarle. La ricacciano dentro e convogliano tutte le loro energie nello sforzo che serve a raggiungere la roccia successiva. Non le avevo mai viste così determinate. Cosa mi sono persa scegliendo il ruolo dell'infermiera a bordo campo.

Finalmente arriviamo ai galleggianti. La nuvola di goccioline sollevata dalla cascata ci solletica il viso. Ridiamo, e ci dondoliamo, e facciamo capriole prima di abbandonarci alla corrente per rientrare alla base.

Risalgo l'argine e raggiungo lo zaino con apprensione. Come se dovessi pagare chissà quale pegno per quell'oretta di evasione. Invece è tutto lì. Nessuno lo ha toccato. Non è vero che il mondo crolla quando mi distraggo, va avanti come prima. Andiamo a procurarci qualcosa da mangiare e ci rilassiamo ai tavoli di legno di un chiosco. La dose di divertimento è stata sufficiente: gli occhi delle bambine sono pieni di appagamento e non osano chiedere di più. Sono io che stavolta voglio qualcos'altro. Voglio capirla meglio quella sensazione di poco prima. Voglio fissare nella mia mente quel senso di sfida e libertà che ho provato nel fiume. Sapersi divertire è una competenza che noi donne tendiamo a perdere quando diveniamo madri. Ma per fortuna abbiamo a disposizione dei professionisti per riacquisirla, i nostri figli.

Propongo un secondo bagno in un nuovo punto del fiume. Stentano a crederci ma mi seguono senza indugio.

22

Pomeriggio inoltrato, interno auto. Mando un messaggio al proprietario della casa di Spalato, un bizzarro signore che sorride dalla foto profilo con un colbacco in testa in pieno luglio. Gli comunico il nostro presunto orario d'arrivo e metto in moto. L'audiolibro che abbiamo iniziato nel viaggio di andata parte automaticamente. E la voce di Jasmine Trinca riempie il nostro silenzio sazio di stanchezza e appagamento con uno dei dialoghi più belli de *Il meraviglioso mago di Oz*, capolavoro di Lyman Frank Baum. Oz sta chiedendo a Dorothy:

"Che cosa vuoi da me?"

"Vorrei che tu mi rimandassi nel Kansas, dove abitano mia zia Emma e mio zio Enrico" rispose la bambina tutta seria. (...)

"Perché dovrei far questo per te?" le domandò Oz.

"Perché tu sei potente e io sono debole; perché tu sei un Grande Mago e io sono una bambinetta indifesa."

"Però sei stata abbastanza forte da uccidere la Perfida Strega dell'Est" osservò Oz.

"È stato un caso" rispose Dorothy con semplicità. "Non ho nessun merito io."

Quando ha scritto questa storia, Baum non poteva aver sentito parlare della sindrome dell'impostore, definita così solo nel 1978. Eppure ha inventato la favola più straordinaria che ci sia sull'argomento. E cioè sulla tendenza, tipica delle donne, a considerare i propri successi frutto della fortuna o di circostanze esterne, e a prendersi la totale maternità dei fallimenti.

"Che cosa devo fare?" domandò Dorothy.

"Uccidi la Perfida Strega dell'Ovest" le rispose Oz.

"Ma io non sono capace!" esclamò Dorothy, sorpresa.

"Hai ucciso la Perfida Strega dell'Est e porti le sue Scarpe d'Argento che hanno un potente incantesimo. Ora in tutto questo paese non rimane che una sola Strega Malvagia. Quando verrai ad annunciarmi la sua morte ti rimanderò in Kansas... ma non prima."

(...)

"Se non puoi farlo tu, che sei Grande e Terribile, come puoi pensare che lo faccia io?"

"Non lo so e la cosa non mi riguarda."

In questo romanzo, a essere ammalata della sindrome dell'impostore non è solo la protagonista femminile, ma tutti i suoi strani compagni di viaggio: un astuto spaventapasseri che pensa di non aver cervello e si convince di essere intelligente solo quando Oz mette nella sua testa un misto di crusca, spilli e chiodi; un uomo di latta, dolce e premuroso, che riconosce di avere un cuore solo quando il mago gli infila in petto un cuoricino fatto di seta e segatura; e infine un leone, che benché sfidi ogni pericolo per salvare la piccola Dorothy, si crede codardo, fin quando non trangugia un liquido verde che a detta del mago gli avrebbe infuso il tanto desiderato coraggio.

Tutti, maschi, femmine e animali, in cerca di una panacea capace di guarirli dalla poca fiducia in se stessi.

Conosco i sintomi di questa sindrome alla perfezione. Ne ho sofferto per anni. Sul lavoro, quando ho fatto carriera saltando numerosi passaggi intermedi. E a casa, quando imparavo a fare la mamma. Il tarlo mentale per cui dovevo sempre dimostrare di meritarmi tutto ciò che avevo ottenuto, il ruolo, lo stipendio, la famiglia, mi portava a lavorare giorno e notte per colmare il vuoto di esperienza e mi spingeva a dimostrazioni di eroismo materno quali continuare ad allattare nonostante avessi ripreso a lavorare.

Ricordo ancora la sensazione del mio seno reso florido dalla maternità che diventava duro come il marmo. E io che pedalavo a tutta velocità, cercando di distogliere la mente da quel dolore. Avevo ripreso a lavorare tre mesi dopo la nascita della Novenne. Alle 14 in punto staccavo per tornare a casa ad allattare. Ma una mezz'ora di ritardo in quella routine era come dieci coltelli conficcati nel petto. Succedeva spesso. Un giorno a casa non ci tornai nemmeno: una riunione convocata alle 6 del pomeriggio mi inchiodò in ufficio. E mentre il PowerPoint scorreva sul maxischermo, io sentivo uno strano calore salire per tutto il corpo, anestetizzandomi il cervello. Era febbre, 39 gradi che non mi abbandonarono per giorni. Mastite, fu il verdetto del medico. Il punto più basso della mia autostima di madre... Cosa volevo dimostrare?

Iniziai a rallentare. Per quanto la rincorressi, la competenza dei miei colleghi non l'avrei mai raggiunta. Se l'erano costruita in anni eroici per il giornalismo, in testate blasonate, al cospetto di grandi maestri. Eppure io non ero lì per caso. Ci doveva essere un motivo per cui ero stata scelta proprio io. Smisi di concentrarmi su ciò che non avevo e iniziai ad aggrapparmi a ciò che avevo, l'entusiasmo, la creatività, l'empatia, la mia stessa inesperienza. Forse era proprio quella che dovevo mettere a frutto. La mia capacità di guardare quel mondo con occhi nuovi, di vedere sentieri alternativi alle strade già battute, di osare schemi di gioco mai tentati prima. È stato un processo lungo e faticoso, che non si è mai concluso del tutto. Contemporaneamente, a casa, facevo una scoperta sorprendente. Lo sguardo denso di rimprovero in cui mia figlia si era specializzata a partire dal primo anno di vita veniva azionato dal mio senso di colpa, non dalle mie azioni. Se tornavo tardi dal lavoro, se andavo in viaggio per qualche giorno, se portavo in tavola surgelati, se guardavo le email anche nel weekend... e poi restituivo a lei la mia attenzione con entusiasmo e serenità, tutto filava liscio come l'olio. Se invece mi profondevo in scuse, gesti riparatori, coccole supplementari, lei vendeva a caro prezzo il suo perdono.

Oggi la sindrome è lì, dentro di me, latente e sotto controllo: riemerge solo quando le difese immunitarie sono particolarmente basse. *La lezione numero trentasette è: siate consapevoli delle vostre doti e capacità, senza aspettare che siano gli altri a riconoscervele.*

Nessuno nasce impostore. I bambini sono portatori sani di una presunzione quasi commovente. Che sbiadisce man mano che crescono e iniziano a confrontarsi con una società fatta di genitori, insegnanti, che li valuta non per ciò che realmente sono, ma per la loro aderenza o vicinanza a un determinato modello, a precisi standard. Attribuendo loro doti inesistenti, sminuendo capacità reali. In questa confusione si perde sempre di più il contatto con le proprie reali possibilità, limiti inclusi. Ci si allontana da se stessi. E può succedere che si inizi a viaggiare per mari e per monti in cerca di un cuore, un cervello o un coraggio, che in realtà si possiedono già.

23

Arrivati a Spalato, il primo parcheggio disponibile è mio, poco importa che sia a oltre 700 metri dalla casa che abbiamo affittato. E così ci trasciniamo cariche di bagagli per un labirinto di stradine, teleguidate dalla voce del navigatore, che attira su di noi gli sguardi pigri dei vecchi seduti davanti ai negozi di alimentari. Il signore col colbacco, che ora non porta nulla sopra la testa lucida, fatta eccezione per pochi sporadici capelli, ci viene incontro per la strada con indosso una stravagante camicia hawaiana e mi indica un parcheggio libero proprio sotto casa. Perché non vado a prendere l'auto e la sposto, mi suggerisce? Lui mi avrebbe aspettato lì con le bambine, provvedendo a occuparmelo.

Mentre mi allontano, un pensiero improvviso interrompe il ciclo naturale del mio respiro. Cosa ho fatto? Ho lasciato le mie figlie a un signore appena incontrato, che di solito gira con un colbacco in testa. E che per quanto ne so potrebbe essere un serial killer o un adescatore o un trafficante di organi di bambini al soldo della mafia russa. Eppure, e intanto i miei piedi iniziano a correre per raggiungere l'auto, eppure quegli occhi che spuntavano enormi dal viso allampanato, la camicia buffa, la camminata involuta, non lo avrei mai lasciato solo con le mie bambine se lo avessi ritenuto capace di… O sto solo cercando di convincermi di non essere così folle? Ma no, dai, ho il suo numero di telefono, la sua foto, lo identifico in pochi minuti. E intanto infilo le chiavi nel quadro dell'auto e parto in quarta. Ma i sensi unici mi costringono a un lungo giro in auto per raggiungere il posto suggerito dal signore.

In quei dieci minuti, la restrizione delle vie respiratorie mi restituisce alla memoria una sensazione già provata qualche mese prima, a poche ore dall'arrivo in Nepal, quando mi ero resa conto che mi trovavo in un posto in cui le regole del gioco erano diverse dalle mie. Il valore dato alla vita umana era di gran lunga inferiore a quello che io le attribuivo. La percentuale di rischio che presentava una semplice azione, come spostarsi da A a B, era enorme. La strada era una roulette russa: quando passavi indenne sotto una parete franosa o slittavi sul fango a pochi centimetri dal baratro era come un colpo sparato alla tua tempia senza proiettile. In quei momenti, sragionando, chiedevo a mio marito come potessero accettare che anche i bambini, le Nostre figlie, rischiassero la vita a quel modo. Lui mi guardava con tanto d'occhi e mi ricordava che i Loro figli ogni giorno affrontavano mille insidie per andare a scuola, inclusi fiumi da guadare e frane da aggirare. Perché avrebbero dovuto pensare alle nostre in maniera diversa? Fintanto che eravamo lì, dovevamo vivere come loro. E affidarci. Alla nostra guida. Agli spericolati autisti dei bus. Allo strano signore che guidava la jeep e che aveva un pettinino nel taschino con cui si lisciava i capelli prima di scattarsi selfie eroici nei punti più pericolosi. Viaggiare significa mettere la propria vita nelle mani dell'altro. Affidarsi è il prezzo da pagare per conoscere, per capire, per evolvere.

Quando arrivo, le bimbe e il buffo signore occupano in piedi il parcheggio difendendolo da chi lo attenta e divertendosi nell'impresa. Le mie paure evaporano al primo contatto visivo con quei volti rilassati. Generazioni di mamme hanno insegnato alle loro figlie a non accettare caramelle dagli sconosciuti, con tutte le varianti di questa metafora del sospetto. Nella contemporaneità che abitiamo, giorno dopo giorno più insicura, abbiamo la sensazione di dover confermare questo tipo di insegnamento con rinnovata convinzione, affinando soprattutto nelle figlie femmine le competenze di autodifesa dal prossimo. Così finiamo per seminare sfiducia, a volte anche pregiudizi. Invece *dovremmo avere il coraggio di insegnare la lezione numero trentotto: fidatevi e affidatevi agli altri.* E cioè non chiudetevi a priori, non sospettate in maniera preventiva, ma al contrario partite dal presupposto che è la comunità, la società a proteggervi. E mentre praticate la fiducia nel prossimo, studiate, informatevi, capite il luogo in cui siete e la gente che lo abita. Affinate l'intuito e l'empatia che vi fanno percepire le reali intenzioni di chi vi sta di fronte, ripuliteli dall'erbaccia degli stereotipi, oliateli quando serve, ritarateli all'occorrenza. Solo se vi saprete abbandonare, se saprete affidare di quando in quando la vostra vita nelle mani del prossimo vi sentirete davvero al sicuro. E vi si spalancheranno le porte di esperienze incredibili.

Non è questo il caso, lo so, la fiducia per ora mi ha permesso solo di ottenere un parcheggio e probabilmente di costruire una simpatia che mi varrà molteplici cortesie nei giorni a venire. Ma tant'è, il soggiorno a Spalato è iniziato sotto i migliori auspici.

24

Alle 7 di sera, mentre i turisti e gli abitanti rientrano pigramente dalla spiaggia cittadina, noi ci accomodiamo al tavolo di un localino sotto casa, dove passiamo dall'aperitivo alla cena senza sentire il bisogno di alzarci a fare due passi. Il nostro riposo fisico è denso di impegno mentale.

La piccola disegna, la grande legge, io edito qualche foto su Instagram dove sono solita raccontare i nostri viaggi.

«Te ne approfitti perché non abbiamo ancora stabilito regole fuori di casa» mi dice la Novenne, senza distogliere lo sguardo dal suo libro.

«Scusa? Di cosa parli?» le chiedo.

«Sei sempre al cellulare» mi rimbrotta, immergendosi nuovamente nella lettura.

Bado a non dirle: e tu sei sempre china su un libro, perché credo che mi vergognerei di una frase del genere per il resto dei miei giorni, però è ciò che penso in quel momento. Siamo tutti intenti a fare qualcosa: perché io non posso stare al cellulare senza sentirmi rimproverare?

Piccolo flash indietro di qualche mese. Le regole a cui si riferisce sono arrivate dopo una calda domenica di primavera, durante la quale avevamo deciso che potevamo permetterci una gita in montagna, benché Lui dovesse correggere una presentazione (poteva farlo via email) e io dovessi scrivere un articolo (potevo utilizzare le note dello smartphone).

Quell'agile multitasking che ci faceva sentire così eroici si era rivelato una pessima idea, visto con gli occhi delle bambine.

"Ma insomma, siete sempre al telefono" fu il refrain della domenica.

Non era la prima volta che le nostre figlie ci invitavano a staccarci dal cellulare. Non hanno l'età per possederne o desiderarne uno, ma quella per viverlo come ladro di attenzioni sì. La loro fame di considerazione è la stessa di qualunque essere umano. La frustrazione che provano quando il loro interlocutore china la testa su un telefono è la stessa che proviamo tutti noi. Solo che hanno l'ingenuo coraggio di esprimerla. E lo fanno spesso. Ma quella volta la loro protesta mi aveva colpito particolarmente: la Novenne non reclamava attenzioni per sé, ma su ciò che ci stava attorno. Il sole che trapassava le foglie di un verde immaturo, regalando loro un effetto fosforescente, le piccole oasi di neve candida sopravvissute alla galoppata dell'erba nuova che stava ricoprendo la montagna, il contrasto tra tutto ciò e la fredda solitudine in cui eravamo immersi, dopo i rimbrotti della Novenne, mi appariva straziante.

Fino ad allora, avevamo badato a mettere paletti al loro consumo tecnologico: non si guardano video a tavola, non si gioca per più di quindici minuti. Mai avevamo pensato di dover limitare l'uso del telefono che facevamo noi. Eravamo così terrorizzati dall'idea di sopprimere sul nascere una loro tecno-dipendenza, da non accorgerci che era sulla nostra dipendenza che dovevamo intervenire.

Così, pian piano, sono arrivate le regole, tutt'oggi rispettate. La prima è tenere fuori il cellulare e qualsiasi dispositivo tecnologico dalla camera da letto. Abbiamo comprato due ingombranti sveglie vintage, che non sempre suonano, e abbiamo ricominciato a leggere libri di carta, gli unici ammessi sul comodino. Nel giro di una settimana, il controllo delle notifiche ha smesso di essere il rito della buonanotte e il primo gesto inconsapevole al mattino, e nonostante ciò il mondo non è crollato. La nostra reattività ai messaggi di amici e parenti si è ridotta notevolmente, ma nessuno sembra averci fatto caso o dolersene in modo particolare. E talvolta accompagniamo in ritardo le bimbe a scuola perché la sveglia non ha suonato.

La seconda regola è che, non appena si entra in casa, i telefoni, come le pistole all'entrata di un saloon, vengono riposti nello svuotatasche all'ingresso, dov'è stata allestita una stazione di ricarica. Se dovessero servire durante la conversazione a cena, per controllare il meteo o il titolo di un film o l'apertura alare del condor, si prendono e si ripongono subito dopo l'uso. La sera è divenuto uno spazio improvvisamente vuoto, un tempo incredibilmente lungo, che riempiamo di parole, progetti, giochi, discussioni.

La terza regola, quella mancante, avrebbe dovuto riguardare l'utilizzo fuori di casa: il più difficile da normare, visto che il cellulare è lo strumento con cui facciamo foto, tracciamo mappe, paghiamo parcheggi. E per questo è rimasto terra franca di uso selvaggio, come mi sta facendo notare adesso la Novenne.

Stabilire regole è l'unico modo che io conosca per cambiare abitudini. E sull'urgenza di cambiare abitudini in quella domenica non ho avuto dubbi. Ho sempre odiato le prediche antitecnologiche. Il cellulare è ciò che mi permette di sentirmi vicina alla mia famiglia, sparsa tra la Puglia e la Nuova Zelanda, e di lavorare da casa recuperando il tempo degli spostamenti. I social network sono uno strumento prezioso per allargare gli orizzonti e Internet è ancora la grande utopia di condivisione e partecipazione. Eppure le bambine hanno saputo toccare il tasto giusto: a cosa stai rinunciando? Tanto valeva stare chiusa in casa, almeno non ti perdevi tanta bellezza.

Quando uno strumento che possedete inizia a possedervi ve ne accorgete dal fatto che vi priva di qualcosa di decisamente più bello, più importante, la sua presenza assottiglia le vostre relazioni sociali, vi impedisce di conoscere davvero chi vi sta attorno, vi distrae da voi stesse e dagli altri. Questa è la lezione numero trentanove, vale per ogni genere di dipendenza e, ancora una volta, l'avete insegnata voi a me.

Finisco di caricare la foto su Instagram, metto via il cellulare e prendo un libro.

«Mamma, mi fai vedere cosa hai pubblicato?» chiede la Seienne, incurante della conversazione appena avvenuta con la sorella. Le porgo il cellulare in silenzio, senza darle limiti di tempo, dal momento che mi sento momentaneamente delegittimata a farlo. Adora guardare la gallery di Instagram, ma il gioco che la diverte di più è commentare il numero di cuoricini sotto ogni foto. Le sue osservazioni sono così esilaranti che io e la Novenne stacchiamo gli occhi dal libro e ci lasciamo coinvolgere dal gioco. Io difendo le foto vincitrici, loro si schierano dalla parte delle perdenti. Ammiro la fierezza con cui affermano i loro gusti in contrasto con quelli della maggioranza, ma non posso fare a meno di pensare che, quello che oggi è un passatempo innocuo, al pari di ciò che può essere per noi guardare le classifiche dei film o dei libri, domani sarà una scarica di dopamina a ogni like in più, un calo di autostima a ogni commento negativo. Se visualizzo i loro selfie al posto dei miei paesaggi, se applico la conta dei cuoricini alla loro immagine piuttosto che ai miei reportage di viaggio, mi corre un brivido lungo la schiena. Non vorrei mai crescerle nel timore della tecnologia o nella convinzione che Internet sia un luogo pericoloso. D'altra parte, so bene che su Instagram si consuma l'ossessione per la forma fisica, la gara all'outfit più griffato, la competizione per la magrezza assoluta. E che sulla Rete le ragazze si consigliano l'un l'altra tecniche per non mangiare o si mostrano, orgogliose, le ferite che si autoinfliggono.

Quando si è stancata di navigare nel mio profilo, la Seienne mi chiede di modificare una foto. Ne sceglie una che ritrae lei e la sorella assieme e, utilizzando tutti i parametri a disposizione, la altera fino a ottenere qualcosa di irriconoscibile, più simile a un'astratta macchia di colore che a una fotografia vera e propria. Una piccola opera d'arte.

La mia sfida è far sì che il momento in cui dovranno avventurarsi da sole in questo mondo sia più lontano possibile. Il cellulare è la porta d'ingresso a una socialità virtuale che crea dipendenza. E così come non permetterei mai alle mie figlie di accedere liberamente al consumo di alcol o droghe in giovane età, quando il loro cervello non è completamente formato, così non dovrei consentire l'accesso a un social network prima che siano pronte. Ma questo non basta. I dolori da cui cercheranno consolazione con le scariche di dopamina provocate dai like esisteranno indipendentemente dagli strumenti che la tecnologia si inventerà per dare loro una voce. Non basta posticipare il più possibile l'ingresso autonomo delle mie figlie nella società virtuale o avvertirle dei pericoli del web. Devo posizionarmi fin da subito in modalità ascolto. Mettere giù il mio cellulare e scoprire i mostri che si portano dentro, prima che trovino rifugio in una trappola mortale. Osservare i segni del disagio, che a volte sono invisibili, altre volte sono "tatuati" addosso. E, nel frattempo, continuare a usare la Rete e la tecnologia con tutto l'ottimismo di cui sono capace, ossia per aggiungere cose alla nostra vita e non per toglierne, per guardare un po' più lontano del mio naso e attraverso gli occhi degli altri. E sì, anche per giocare a reinventare la realtà con filtri e ritocchi. Per farla divenire come vorremmo che fosse. Come riesce a emozionarci.

Un sms interrompe le mie riflessioni. L'uomo col colbacco mi comunica di averci trovato posto nell'imbarcazione di un amico, che l'indomani ci porterà sull'isola di Lissa. Lo sapevo che potevo aspettarmi solo gentilezza da lui.

25

È presto, fuori albeggia appena. La notte mi ha ricacciata in tutta fretta tra i desti. Gliene sono grata. Uno strano fastidio in una località indistinta del mio apparato digerente mi stava rendendo angosciante il soggiorno nello spazio buio e silenzioso del sonno. Ora me ne sto seduta sul letto, a guardare la luce che penetra dalla finestra. Aspetto, fino all'ultimo minuto utile, che le piccole si sveglino da sole, garanzia di miglior umore per il resto della giornata. Prendo il cellulare e, con un gesto quasi meccanico, mando un WhatsApp a mia sorella: "Come va?". Dopo averlo scritto, pur sapendo che lo leggerà con i suoi tempi, e che potrebbe rispondermi a sera inoltrata, guardo lo schermo con insistenza, come se dalla sua replica debbano dipendere delle scelte organizzative imminenti. Sorprendentemente la risposta arriva nel giro di pochi minuti. "Sto andando in ospedale, ho le doglie, ma non dire ancora niente a mamma."

Continuo a fissare il cellulare mentre il mio corpo termina in pochi secondi il processo di risveglio per entrare in un nuovo status di eccitazione febbrile. «Ragazze, forza, sveglia» sussurro con veemenza. Chissenefrega del loro umore: queste non sono notizie che ci si tiene per sé. «Sta per nascere la vostra nuova cuginetta.» Le palpebre appesantite dal sonno, ma il sorriso già scolpito dalla promessa di felicità contenuta nella mia affermazione, chiamano a raccolta quanti più neuroni possibili. «Ma come, non doveva nascere a fine mese?» borbotta la Novenne, che anche nello stato di semiveglia è più lucida di me. Giusto, siamo in anticipo, non ci avevo ancora pensato, ma non è il caso di chiedere spiegazioni a mia sorella. Mi limito a digitare un "Va bene. Tienimi aggiornata" e torno ad assaporare la dolce intuizione che ha iniziato a prendere forma nella mia testa. Quel malessere per cui non ho fatto che girarmi e rigirarmi nel letto per tutta la notte, cos'altro era se non l'eco di doglie che iniziavano a travagliare un corpo lontano centinaia di chilometri ma unito al mio da un filo sottilissimo? E quel "non dire niente a mamma", cos'altro è se non la conferma di un sodalizio antico, di una complicità sacra e inviolabile a cui facciamo ricorso ormai di rado?

Mia sorella è nata sedici mesi prima di me, un lasso di tempo sufficiente a rivendicare l'autorevolezza della maggiore ma non ad avere un solido passato di figlia unica, tale da farmi pagare pegno per i suoi privilegi perduti. Dopo averci messo al mondo, mia madre ha pensato che la nostra esigenza di socialità fosse del tutto appagata. Ognuna di noi aveva l'altra, non ci serviva più nulla. Né un asilo, né un oratorio, né alcun consesso di bambini. Fino all'inizio delle scuole elementari, il nostro universo di coetanei era ristretto ai cugini nati pressappoco nei nostri anni all'interno della grande famiglia matriarcale. Non molti, a dir la verità. Così esploravamo il mondo una attaccata all'altra, e soprattutto ne discutevamo. L'attività che più ci impegnava in quegli anni era parlare. Alla sera, finite le preghierine e spenta la luce, dal respiro mi accorgevo che era ancora sveglia. Timidamente le chiedevo: "Parliamo?". E lei: "Di cosa?". Di quando saremmo diventate grandi. Dei progetti per le vacanze. O dei fatti che erano successi quel giorno. Di mamma e papà, dei cugini, delle persone che ci stavano a cuore. Della malattia dei nonni. Ogni tanto anche di Gesù. Immaginavamo come avremmo vissuto, cosa avremmo fatto, come sarebbero state le nostre case, pianificavamo la prossima impresa da mettere in atto alle prime ore libere.

Esaminavamo le azioni degli altri, le scandagliavamo alla luce della semplice dicotomia: buono o cattivo. Analizzavamo le ingiustizie subite ed elaboravamo piani di rivalsa.

Tutti i pensieri che si sviluppano nella testa di un bambino e che, se espressi agli adulti, incontrano indifferenza o una fastidiosa condiscendenza, noi avevamo la fortuna di poterli esporre l'una all'altra, ricevendo la dovuta considerazione assieme alla giusta dose di leggerezza. Non parlavamo solo di notte, ma anche e soprattutto di giorno. Il mondo veniva indagato e prontamente sezionato a parole.

"Se ho potuto calmare tanti sogni recitandoli, lo devo a mia sorella; lei mi permise anche di salvare la mia vita quotidiana dal silenzio; è con lei che presi l'abitudine alla comunicazione."[1]

Quando ho letto questa pagina di Simone de Beauvoir ho pensato che stesse parlando di noi.

La simbiosi tra me e mia sorella veniva favorita da mia madre, che non spiava mai quei dialoghi, né ci si intrometteva. Quanto più eravamo perse l'una nell'altra, tanto meno lei doveva intervenire a controllarci o a tenerci impegnate. E poteva vivere qualche ora di spensieratezza, come una ventenne qualunque.

Da quelle lunghe conversazioni nascevano, di tanto in tanto, piani di ribellione. Quando capimmo che non ci dicevano la verità sulle reali condizioni della nonna, rubammo il foglio della diagnosi e, con un vocabolario alla mano, cercammo di capire il senso di "fase terminale con possibile collasso". Quando la nonna morì e il nonno si ammalò di fegato e di tristezza, ci mettemmo d'accordo per farlo vincere sempre a ramino, ma la nostra cura, per quanto ci sembrasse efficace, non funzionò e morì pure lui sei mesi dopo. Quando, ormai grandi, fummo mandate in vacanza studio in un college francese, ci convincemmo che fosse un'ingiustizia rimanere la domenica a giocare a pallavo-

[1] S. de Beauvoir, *op. cit.*

lo dentro le mura della scuola, così scappammo a visitare Parigi, trascorrendo una giornata memorabile, resa epica dalla trasgressione compiuta.

Alla fine dei nostri ragionamenti, caricate l'un l'altra del senso di verità e necessità delle nostre istanze, ci sentivamo forti e nel giusto. Eravamo un'unità base invincibile.

Con l'inizio della scuola elementare, scoprimmo l'amicizia. Circondate improvvisamente da bambine della nostra età, esportavamo fuori dalle mura domestiche il modello di relazione a cui ci eravamo applicate fino ad allora. Imparata la sorellanza l'una con l'altra, adesso potevamo replicarla all'infinito. Per tutta la nostra vita, anche da grandi, abbiamo creato rapporti con altre donne, in cui esploravamo, per mezzo della parola, le profondità dell'animo umano, in cui arrivavamo, attraverso il ragionamento, a trovare la soluzione ai problemi. Da che io ricordi, non ho mai dovuto affrontare nulla da sola. La mia infanzia mi aveva insegnato che abbiamo bisogno di una "sorella" in ogni momento della nostra vita.

La Novenne e la Seienne sono separate da una maggiore differenza di età della nostra e da una vita sociale che fin da piccole le ha incanalate in una fitta rete di relazioni tra coetanee. Forse non avrebbero mai sperimentato un rapporto di simbiosi, se non ne avessimo involontariamente indotto la necessità viaggiando. Strappate alla loro casa, catapultate in un Paese straniero, dove anche la semplice attività di sfamarsi smette di essere scontata, private del loro principale strumento di relazione col mondo, la lingua, si sono ritrovate fin da piccole nella necessità di dover bastare l'una all'altra. Hanno imparato a compiere insieme interminabili esplorazioni nella natura, a occuparsi la mente a vicenda nei lunghi trasferimenti in auto, a salvarsi dalla noia del cammino immergendosi in conversazioni e giochi di ruolo. Hanno dovuto costruire anche loro una relazione che poi hanno replicato nei lunghi soggiorni dai nonni o nei rari pomeriggi e fine settimana senza amiche.

Di tanto in tanto, intercetto la grande apostrofare la piccola: "Ehi, socia". Non c'è parola migliore per descrivere il rapporto tra due sorelle in quei primi anni. La sorella è la socia che rende possibile ogni impresa. La sorellanza è la consapevolezza che ciò che da soli sembra insormontabile, in due pian piano si affronta, si aggira, si supera. *La lezione numero quaranta è che se una donna da sola può desiderare qualsiasi cosa, due donne assieme quelle cose possono realizzarle, ottenerle.*

La Novenne ha avuto la percezione delle potenzialità del rapporto tra sorelle mentre leggevamo *Piccole Donne*, la storia delle quattro sorelle March che grazie alla coesione dei loro intenti riescono a superare mille difficoltà e persino ad aiutare gli altri. Un solo dubbio le impediva di identificarsi in quei personaggi: "Ma loro non litigavano mai, a parte quella volta in cui Amy butta nel fuoco il romanzo di Jo".

"Be', quella volta ce l'hanno raccontata perché era proprio grossa" le ho detto. "C'è un litigio tra te e tua sorella che meriterebbe il capitolo di un romanzo?"

"No, in effetti no."

Poi si cresce e a questa sensazione di invincibilità se ne sostituisce un'altra. Il conflitto diventa più forte della simbiosi. Ci si scopre diverse pur essendo nate nella stessa casa e cresciute con la stessa educazione. Una sorella adolescente fa scelte che assomigliano più a un tradimento che a un'autodeterminazione. Fino a quel momento si è deciso tutto assieme, ragionando, adesso ciascuna rivendica la propria autonomia e l'altra si sente abbandonata. Mia sorella si innamorava senza consultarmi di ragazzi che non mi piacevano affatto (ma, in fondo, chi sarebbe mai stato degno di lei?). Io sperimentavo trasgressioni che non avevano la legittimazione dei nostri ragionamenti, svelando improvvisamente di muovermi in un recinto morale diverso dal suo. Un patto non detto e non scritto ci costringeva alla fedeltà assoluta: mai un dubbio insinuato nei genitori, mai una denuncia uscita di bocca. Eppure i rimproveri dell'una nei confronti dell'altra ferivano come lame e per quanto ci facessero riflettere, ci condizionassero e a volte ci rimettessero in carreggiata, non potevano impedire che pian piano ci allontanassimo. Ma è stata proprio la distanza a svelarmi il senso più profondo della sorellanza. E cioè accettare che una donna, a parità di condizioni sociali e di opportunità, possa scegliere in maniera completamente diversa da te. Imparare che non si può tracciare una via e immaginare che tutti la percorrano, che non esiste un modo corretto di essere donne, coerente con il mondo da cui proveniamo, con gli studi che abbiamo fatto, con l'educazione che abbiamo ricevuto. Le amiche te le scegli, sono la tua camera dell'eco, riflettono come uno specchio ciò che sei o che vorresti essere. La sorella ce l'hai, e ti ritrovi ad amarla senza averlo deciso. Attraverso di lei, scopri che esistono infiniti modi di essere donna, sei costretta ad ammettere ciò che non ti sei data la possibilità di essere. E a provare orgoglio, e una punta di rimpianto, per le mete da lei raggiunte, senza di te, in un Paese di cui nemmeno sapevi l'esistenza.

Si può essere femministe e parlare male delle altre donne, come dice Allison Vale, non c'è dubbio. Ma quello che dobbiamo risparmiarci è il pregiudizio positivo per cui noi ci saremmo comportate in modo diverso, migliore, e quindi valiamo di più. Non siamo autorizzate a giudicare le altre donne per il solo fatto di essere donne e di esserci trovate nella stessa situazione.

Oggi critichiamo le donne se ingrassano ("si è lasciata andare"), se dimagriscono ("si è omologata allo standard comune"), se rinunciano alla carriera per i figli ("che fallita!"), o se decidono di non farli i figli ("che egoista!"). Se fanno sesso con troppi uomini ("troia!") o se usano i loro corpi per avere successo ("sempre troia!"). Ogni giorno, donne dalla vita apparentemente normale, spesso madri di famiglia, lavoratrici o casalinghe, protette dallo schermo di un computer si trasformano in leonesse da tastiera. Ingiuriano, denigrano, augurano stupri e malattie ad altre donne, spesso "colpevoli" ai loro occhi solo di farsi violentare, di essere brutte e mal ritoccate, o di essere fastidiosamente ricche e belle.

Questo è il contrario del femminismo, che è una grande battaglia per la libertà di tutte le donne e non solo loro.

La Gianini Belotti scriveva che "non c'è tra le bambine quella solidarietà che invece esiste nel gruppo dei maschi: sono pronte alla maldicenza, al pettegolezzo, spesso si fanno la spia fra compagne e presso la maestra. Sono le caratteristiche degli oppressi".[2] È vero. Se noi donne ci accaniamo contro le altre donne è perché viviamo sommerse dalla percezione dei nostri limiti. Nutriamo invidia per tutti coloro che in un modo o nell'altro mostrano di non esserne prigionieri. Ma se consideriamo sorella ogni donna, allora cambiamo il punto di vista: quei limiti sono stati superati anche per noi e per le nostre figlie. Quel successo è anche il nostro.

La lezione numero quarantuno è che non c'è un modo giusto o sbagliato di essere donna. Se vogliamo proteggere e tramandare la libertà che le generazioni precedenti hanno conquistato per noi, allora dobbiamo sostenere ogni altra donna, come fosse nostra sorella, nelle sue scelte, nella sua battaglia per essere ciò che desidera, nella sua possibilità di autodeterminarsi.

[2] E. Gianini Belotti, *op. cit.*

26

Ci aspettano al porto tra due ore, ma per quanto facciamo con calma, l'eccitazione della notizia ci ha reso straordinariamente efficienti. Vaghiamo in una città che ancora si sta svegliando, cercando un posto dove far colazione. Le piccole sono un fiume in piena di domande.

«Ma quindi da dove uscirà la cuginetta?» mi chiede la Seienne.

«Dalla vagina della zia» le rispondo.

«Ma com'è possibile? È troppo piccola!» protesta.

«A questo servono le contrazioni che sta avendo adesso, ad allargare pian piano il canale attraverso cui la vostra cuginetta cercherà di uscire.»

«Sarà piena di sangue?» interviene la Novenne.

«Sì, certo» le rispondo.

Resta un attimo pensierosa.

«Ma quindi il sangue che tu perdi ogni mese è un parto senza figli?» mi chiede alla fine del suo ragionamento.

«È un po' più complicato di così» le rispondo, facendo ricorso a tutte le mie conoscenze biologiche rinfrescate di recente proprio per essere all'altezza delle sue domande. «Diciamo che con le mestruazioni espelliamo un uovo che non è stato fecondato, assieme al nido che gli abbiamo creato attorno.»

Non ricordo quando mia madre mi ha spiegato come nascessero i bambini o cosa fossero quelle strisce di cotone impregnate di sangue che di tanto in tanto trovavo in bagno.

Come tutte, però, ricordo alla perfezione il giorno del menarca. Era estate. Dovevo avere 12 o 13 anni, stavo giocando a pallavolo con i miei amici nella nostra casa di campagna. Andai in bagno a fare la pipì, scoprii la novità e, incurante del pantaloncino bianco che indossavo, pensai che non avrei fatto in tempo a procurarmi un assorbente, dovevo finire la partita. Correndo al campo di pallavolo incrociai mia madre e le urlai: "Ho avuto le mestruazioniiiii". Non aspettai la sua risposta ma immaginai gli occhi lucidi, le parole con cui lo avrebbe detto a mio padre, le telefonate alle zie e alle cugine per annunciare la grande novità: "Annalisa è diventata signorina". Così si diceva nel pezzo di Sud che per venticinque anni è stato il mio orizzonte. Quell'espressione suscitava la nostra ilarità ma al tempo stesso ci lusingava, poiché sottintendeva il rispetto che meritava una donna con il ciclo mestruale, abilitata alla maternità. Non ricordo neppure un senso di fastidio legato al bando pubblico di cui sarebbe stato oggetto il mio nuovo status: ne avrebbero parlato in famiglia, ma di certo non in mia presenza e questo mi era sufficiente.

Quella comunicazione fatta a mia madre è l'unica memoria che riesco a rintracciare di un dialogo intorno a questi temi. La serenità con cui si svolse lascia presupporre che tra di noi non ci fossero tabù. Se non ricordo quando ho saputo, non ricordo neppure di non aver saputo. Immagino che in un mondo al femminile fosse normale essere messi a parte di tutto ciò che riguardava la fisiologia e il corpo delle donne. Il momento della trasmissione del sapere non era disciplinato da alcun rito né avvolto da un'aura di sacralità. Bastava un film, una nuova gravidanza in famiglia, un aborto, un matrimonio riparatore, la menopausa di una zia, le vampate di calore che divenivano barzelletta, e piano piano aggiungevi una tesserina al puzzle delle tue conoscenze. Semplicemente, sapevi ogni giorno di più. A decidere cosa e fino a che punto, era più la tua curiosità che una qualche forma di censura preventiva.

Senza averlo stabilito, sta succedendo la stessa cosa con le mie figlie. Nella nostra casa, Babbo Natale porta i regali, un topolino passa a ritirare i denti caduti e gli antenati vengono a trovarci la notte del 31 ottobre, seguendo la luce della candela che accendiamo sul davanzale. Eppure non sono mai esistite cicogne, semi, piante, cavoli e ogni sorta di flora e fauna che corrono in aiuto dei genitori per spiegare la nascita di una nuova vita. Non appartengono al mio repertorio, ho preferito riprendere in mano i libri di biologia. Le domande delle mie figlie sono sempre le stesse, da anni. Giudicano loro fino a che punto vogliono che io risponda. L'asticella delle loro conoscenze si sposta ogni giorno più in là, ma sono loro a decidere quanto.

Non appena divenni "signorina", il mio nome comparve sul calendario della cucina accanto a quello di mia madre e di mia sorella. Ciascuna di noi doveva scriverlo ogni mese nel giorno in cui aveva avuto il ciclo. Un modo semplice e immediato per monitorarlo. In assoluta trasparenza. Anche l'idraulico, volendo, poteva accedere a quel calendario: la privacy non era contemplata. Una volta il mio nome non comparve per due mesi. Dopo essersi accertata che non fosse stata una dimenticanza, mia madre mi portò dal ginecologo. Ero vergine e non avevo alcun timore. Lei evidentemente sì. Ma non osava fare insinuazioni né domande e rimase col fiato sospeso finché l'ecografia constatò che il mio utero era ancora sfitto.

Da quando ho lasciato la mia famiglia d'origine, non ho più tenuto un calendario delle mestruazioni come quello di mia madre. Il ciclo mi coglie ogni mese di sorpresa. L'unica volta in cui mi sono messa a fare calcoli è stato qualche settimana fa, in vista della maratona in programma tra qualche mese. Ho scoperto così che avrei corso nel primo o secondo giorno del ciclo. La circostanza è divenuta argomento di dibattito in ufficio, durante le uscite con gli amici e la sera a cena in famiglia. Una mia collega, ex agonista, mi ha detto che in quei giorni la sua performance addirittura migliorava. E le mie prime sperimentazioni sul campo, fortemente consigliate da mio marito, sembravano confermarlo. Una mia amica, poi, mi ha raccontato la storia di Kiran Gandhi, la ventiseienne americana di origini indiane che qualche anno fa ha corso la maratona mentre aveva il ciclo, con un pantaloncino bianco e senza assorbente, come atto di ribellione verso l'ennesimo tabù che tocca le donne. Ho trovato l'idea geniale, perché se la performance non peggiora con le mestruazioni, vero è che tenere per 4-5 ore un assorbente in mezzo a due gambe che corrono non è la migliore delle sensazioni. Per cui ho deciso che avrei fatto lo stesso, ma con indosso un pantaloncino nero. L'atto dimostrativo, per fortuna, lo aveva già compiuto lei.

Ed è proprio a un suo testo che mi ispiro per la *lezione numero quarantadue: parlate sempre con chiarezza e disinvoltura del vostro corpo*. La stigmatizzazione, il tabù, secondo Kiran Gandhi, "è non avere accesso al linguaggio che ti fa sentire sicura o semplicemente normale quando parli del tuo corpo, invece di sentirti strana o a disagio. (...) Non poter parlare del proprio corpo è la forma di oppressione più efficace".[1]

Noi mamme, se non altro, dobbiamo fare questo: regalare alle nostre figlie le parole per dirlo. Ma le parole giuste.

Quando io e mia sorella eravamo adolescenti, il termine "indisposta" entrò di prepotenza nel nostro vocabolario e nel nostro orizzonte di idee. Benché non fossimo toccate se non in minima parte dalla misteriosa sindrome premestruale, in quei giorni ci dichiaravamo "indisposte", alludendo a una limitazione fisica che ci avrebbe impedito di fare le attività sportive o di partecipare all'ora di ginnastica

[1] Kiran Gandhi, Manjit K. Gill, *The menstrual taboo in India e in the US: What does it look like, why does it exist?*, in "Thomson Reuters Foundation News", 7 luglio 2016. Letto in Elise Thiébaut, *Questo è il mio sangue – Manifesto contro il tabù delle mestruazioni*, Einaudi, Torino 2018.

a scuola o di bagnarci in mare. Per fortuna, quello status di semi-infermità in cui ci convincevamo di essere faceva riferimento solo al nostro corpo e non alla nostra mente. Mai una volta, in casa mia, ho sentito collegare le mestruazioni a uno stato d'animo. Né mia madre ha mai giustificato un suo comportamento con uno squilibrio ormonale dovuto al ciclo, né mio padre le ha mai rinfacciato una cosa del genere. La prima volta in cui ho sentito dire di una donna, con disprezzo, "È mestruata!", ho provato una grossissima sorpresa: nel repertorio di offese che conoscevo, quella era proprio una novità. Cosa aveva a che fare il ciclo con il carattere o con le doti di una persona? Ben presto, scrivendo su riviste femminili, scoprii che alle mestruazioni venivano associati anche una molteplicità di disturbi psicologici. Pensai di essere stata graziata: di rado avevo dolori fisici, niente a confronto con quelli che torturavano le mie amiche, ma mai avevo avuto la percezione di un'alterazione dello stato psichico.

All'alba dei 35 anni, qualcosa è cambiato. Mi succedeva di infuriarmi esageratamente con Lui o con le bambine. Poco dopo, puntualmente, si presentava il ciclo. Ho sempre chiesto scusa per il mio comportamento, ma non ho mai usato le mestruazioni come giustificazione. In fondo, può capitare di avere la luna storta per mille altri motivi: non c'è bisogno di specificare la causa. Ho badato anche a far sparire la parola "indisposizione" dal mio vocabolario. Le mie figlie sanno che il ciclo è una scocciatura, perché ogni tanto porta dei dolori, perché devi smacchiare slip e pantaloni, e controllare sedie e divani ogni volta che ti alzi. Ma che infici le nostre doti intellettuali o la nostra capacità di giudizio o la nostra possibilità di viaggiare, lavorare, fare sport no, questo mai. La giornalista Elise Thiébaut in un delizioso libro racconta che per secoli le donne, a causa delle mestruazioni, non hanno potuto "fare il marinaio, cacciare, votare o essere elette, parlare in pubblico o assumere responsabilità politiche o religiose" e le si è screditate dicendo loro: "'Che c'è? Hai la luna storta? Non avrai mica le tue cose?', senza peraltro fornire risposte mediche soddisfacenti ai disturbi associati al ciclo".[2] Ci manca solo che le nostre figlie si aspettino ogni mese, assieme al sangue negli slip, di entrare in uno stato di semi-infermità. No, le mestruazioni non sono un ennesimo limite posto alla donna, a meno che non siamo noi a farle divenire tali.

La poetessa indiana Rupi Kaur scrive che "la cosa più simile a dio in terra è un corpo di donna, è da lì che viene la vita". Ecco, la *lezione numero quarantatré è questa: imparate a vedere nel vostro corpo il miracolo della fecondità, non la fonte di una instabilità umorale o di una inabilità fisica che vi rende inferiori al maschio.*

Il mio ciclo, puntuale come un orologio svizzero, impazzisce solo nei cambi repentini di stagione: il soggiorno in una zona equatoriale o subequatoriale me lo induce nel giro di quarantott'ore, indipendentemente dal periodo. Per quanto tale constatazione empirica abbia ormai i requisiti della scientificità, parto per i miei viaggi regolarmente senza assorbenti, sperimentando la difficoltà di reperirne nei villaggi lungo il fiume Niger così come nelle valli himalayane. Talvolta mi arrangio con della carta o delle T-shirt avvolte attorno agli slip. Un giorno, in Ghana, non trovando neanche una latrina dove sistemarmi quel marchingegno nei pantaloni, chiesi a una donna di ospitarmi nella sua capanna. Lei acconsentì, ma non girò lo sguardo per pudore: rimase a fissarmi con due occhi pieni di comprensione e complicità. Era la prima volta che venivo guardata così in Africa. Fino ad allora, il colore della mia pelle aveva detto di me più di quanto mi fosse stato concesso di esprimere a parole, l'involucro bianco che mi rivestiva, e non ciò che conteneva, era all'origine dei sentimenti che suscitavo: invidia, adulazione, disprezzo, sospetto. Non è una bella sensazione e all'inizio mi arrabbiavo molto, poi ho capito che

[2] E. Thiébaut, *op. cit.*

stavo sperimentando ciò che i neri vivono in gran parte dei Paesi occidentali e ho smesso di prendermela. In quella capanna, però, la condivisione di una difficoltà che impedisce a tante donne africane ancora oggi di andare a scuola o di lavorare, aveva improvvisamente liberato la mia ospite del pregiudizio nei miei confronti. Benché nate in due luoghi diversi della Terra, condividevamo la maledizione del sangue che, uscendo da noi, limitava le nostre possibilità. Purtroppo non era vero, era solo un'illusione. Se in quel momento sperimentavo tale disagio era per la mia negligenza nel fare la valigia. Ma lo sguardo di quella donna me lo sono tatuato nella memoria, per non rischiare di dimenticare quanto sono fortunata a essere nata in un pezzo di mondo in cui avere le mestruazioni non ci priva più della nostra libertà.

27

Il fiume di domande viene interrotto bruscamente dall'arrivo della nostra imbarcazione: uno strano motoscafo dove al posto dei sedili ci sono due lunghe selle, su cui ci disponiamo a cavalcioni, le mani strette a un'impugnatura metallica. Partiamo senza troppi convenevoli. Il mezzo cavalca le onde come fosse una moto d'acqua, costringendoci a uno stato di tensione continua per non essere sbalzate fuori. Il vento e la salsedine si impastano sul viso fino a creare una sottile maschera che ci irrigidisce l'espressione. La velocità e il rumore limitano il nostro dialogo a uno scambio di sorrisi entusiasti e al tempo stesso terrorizzati per quella corsa spericolata sopra le onde. Un'ora e mezzo dopo, con i tessuti corporei che vibrano ancora, sbarchiamo sull'isola di Lissa, la più remota della Dalmazia. Con noi scendono tre ragazzone bionde dalla pelle bianchissima, la cui presenza finora è stata niente di più che un'intuizione alle nostre spalle.

Ci ritroviamo, nostro malgrado, su un molo affollatissimo. Centinaia di persone consumano gelati e bibite gassate, aspettando che arrivi il proprio turno di salire su una delle barche dei pescatori locali che monopolizzano le visite alla Grotta Azzurra. Farei volentieri a meno di sprecare le mie ore per osservare lo stesso fenomeno visibile in una delle migliaia di grotte azzurre sparpagliate per il mondo, ma sulla necessità di effettuare l'escursione non c'è margine di contrattazione. Che senso ha venire fino a Lissa senza vedere la Grotta Azzurra, mi chiede con occhi spalancati dallo stupore il ragazzo alla guida del motoscafo. Mi arrendo di fronte a tale obiezione e mi predispongo all'attesa, mentre le piccole hanno già trovato, poco più in là, rocce da scalare e anfratti da esplorare.

Una delle nostre compagne di viaggio si siede di fianco a me, ritenendomi un passatempo più interessante e dietetico della bibita gassata. Scopro che è australiana, come le altre due. Studiava disegno industriale, le piaceva, poi si era innamorata di un ragazzo che possedeva una fattoria, aveva lasciato gli studi e lo aveva seguito, imparando a lavorare la terra. Stanca di quella vita ritirata, ma non di lui, si era presa un anno per girare il mondo. Le compagne di viaggio le aveva incontrate strada facendo e avevano deciso di incrociare per un po' i loro itinerari. Non le mancava il disegno? Non particolarmente. Cosa voleva fare da grande? E chi lo sa, qualunque cosa. Ma non ce l'aveva un sogno? Non uno in particolare. Le piaceva recitare, costruire oggetti assemblando i materiali che trovava per strada, suonava la chitarra discretamente e soprattutto amava viaggiare.

Resto a guardarla piena di stupore. La mia vita, per come me la sono raccontata, è stata una trama perfetta di passione e determinazione. Di obiettivi dichiarati e raggiunti con la scientificità della fatica. Di grandi sogni e anche grandi compromessi, tutti ben ponderati. La vaghezza dei desideri di questa ragazza mi spiazza e mi affascina allo stesso tempo. Mi domando se non ha sogni, o se ne ha troppi per farceli stare in una vita sola. Se non ha passioni, o se ha il dono di appassionarsi a molte cose. Se concepisce il tempo come un lento procedere verso l'infinito, oppure un conto alla rovescia. Ma soprattutto mi chiedo se siamo davvero così diverse.

Quando voglio romanzare la mia storia, racconto che il giornalismo era scritto nel mio destino. E come prova adduco una finta carta d'identità che avevo realizzato all'età di otto anni. Sopra c'era scritta l'età, il sesso, il colore di capelli e la professione: direttore di giornale. Non ero una preveggente, ma la direttrice del giornalino scolastico. L'aneddoto funziona perché traccia un filo narrativo lungo tutta la mia vita, semina gli indizi di una predestinazione, alza un divisorio tra me e chi, a otto anni, non aveva ancora deciso cosa fare della sua vita: giochiamo in due campionati diversi, inutile accanirsi.

La verità è che dopo le scuole elementari, il giornalismo uscì dai miei pensieri. Nei dieci anni successivi ho voluto fare la ballerina, la logopedista, l'ingegnere. In quinta liceo, quando mi fu offerta la possibilità di scrivere qualche corrispondenza dal mio paese per un quotidiano provinciale, trascorrevo gran parte del mio tempo a studiare pianoforte perché mi stavo diplomando al conservatorio. Riconobbi subito la passione d'infanzia per il giornalismo e mi accorsi che era fatta di una materia diversa dalle altre. Scrivere articoli mi veniva facile. Era come un amore corrisposto. Mi regalava una felicità immediata, una soddisfazione veloce, condita da qualche patema quando mi cullavo troppo sulle mie capacità. Non per questo, però, iniziai a trascurare gli studi, o abbandonai lo sport, il teatro e le tante microattività in cui disperdevo il mio poco tempo libero. Né dedicai un minuto di meno alla grande passione che impegnava la mia vita, l'amore impossibile, quello per il pianoforte. Già da anni, il confronto con gli altri e la schiettezza della mia insegnante mi avevano chiarito che non avevo il talento necessario a diventare una concertista. Ma amavo suonare, mi regalava un piacere fisico e la fatica con cui ottenevo risultati rafforzava i muscoli della mia autostima. Ho continuato a studiare per ore e ore al giorno, senza mai fermarmi. Quanta fatica sprecata, mi hanno detto in molti, negli anni a venire. Sprecata? Non l'ho pensato mai, neppure per un secondo. In ciò che sono diventata, riconosco le passioni a cui ho dato fuoco. Specie quelle che non erano baciate dal talento. Perché mi hanno permesso di sperimentare la forza dell'ostinazione, di imparare a convivere con il fallimento senza rassegnarmi, di scoprire come il successo sia un concetto relativo: i traguardi riconosciuti dagli altri non hanno il sapore di quelle piccole vittorie private, destinate agli onori della tua intimità. La verità è che non sarei ciò che sono se avessi amato solo il giornalismo.

Quando la Novenne mi chiede cos'è il talento, cerco sempre di trasmetterle la sensazione di facilità, di immediatezza. Il talento è ciò che ti viene meglio, ma non per questo esige meno sforzo. La breve chiacchierata con la ventenne australiana, però, mi ha appena ricordato che c'è una cosa più importante da insegnare alle mie figlie. E cioè che i talenti non vanno sprecati ma neppure va immolata loro la nostra vita. Coltivare solo ciò per cui siamo portati ci condanna a non sapere mai quanto siamo stati baciati dalla fortuna e quanto impegno ci abbiamo messo. Ci impedisce di conoscere la frustrazione. E, cosa ancora più importante, limita troppo l'orizzonte delle nostre passioni. *Lezione numero quarantaquattro: seguite e alimentate i mille rivoli delle vostre passioni.* Non siate totalizzanti con esse, non in questo momento della vostra vita. Non preoccupatevi della confusione. Alla vostra età dovete infatuarvi delle cose, incuriosirvi, divagare, non cercare subito il grande amore. Poi, crescendo, uno dei rivoli prenderà il sopravvento sugli altri, forse diventerà la vostra passione principale, il vostro lavoro, ma anche allora, continuate ad alimentare i rigagnoli secondari, in modo che abbiate sempre da bere quando il corso d'acqua principale sarà in secca. "Da ragazzo, Albert Einstein ha trascorso un anno a bighellonare oziosamente. Se non si perde tempo non si arriva da nessuna parte" raccomanda Carlo Rovelli, in *Sette brevi lezioni di fisica*.[1] In realtà Einstein si era messo a studiare filosofia: stava alimentando un torrente che sicuramente ha portato acqua al grande fiume della fisica.

[1] Carlo Rovelli, *Sette brevi lezioni di fisica*, Adelphi, Milano 2014.

Finalmente arriva il nostro turno. L'australiana mi aiuta a scovare le piccole, intente a servire gelati immaginari nella cavità di una roccia. Poco dopo, a bordo di un'imbarcazione troppo piena, osserviamo il prodigio della luce del sole che penetra dal fondo del mare in una delle ultime stanze di una grotta buia e remota, nella quale ci introduciamo con le teste chine, schivando gli spuntoni che fuoriescono dalle pareti.

Rivivo lo stupore di quel fenomeno naturale attraverso gli occhi delle mie figlie che lo vedono per la prima volta e sono costretta ad ammettere che i pescatori locali hanno ragione: arrivati fin qui, tanto vale regalarsi questa visione.

Di lì a poco, rimpiangerò anche la flemma di queste prime ore del mattino. Perché, lasciata la Grotta Azzurra, inizia una corsa spericolata tra le spiagge più belle della Croazia, prima a Lissa poi a Lesina. Il nostro motoscafo attracca su moli che spuntano improvvisamente in mezzo al mare, a una cinquantina di metri dalla costa, che rimane così incontaminata e silenziosa. Ci tuffiamo in mare aperto, armate di maschere, tubi e macchina fotografica. Dobbiamo mantenere la promessa fatta a Lui: documentare i fondali che incontriamo, ma anche raccogliere bottini di pietre, conchiglie e ogni sorta di reperto. Così gravate, raggiungiamo le spiagge come naufraghe, buttandoci sulla battigia a riprendere fiato.

D'un tratto, mi accorgo di avere un pensiero, silenzioso ma ingombrante, che aspetta pazientemente di tornare protagonista. Ritornata sull'imbarcazione, scovo il mio telefono in fondo allo zaino e trovo il messaggio che stavo aspettando: "È nata".

28

Ed eccoci, come ogni sera, davanti allo specchio del nostro miniappartamento. Mi offro di pettinarle e mentre tiro su i capelli della Novenne, il mio sguardo incrocia il suo, che si atteggia a un broncio teatrale.

«Cosa c'è?» le chiedo.

«Le mie orecchie» farfuglia senza smontare il broncio.

«Queste qui da elfo?» le domando, indicando le simpatiche orecchie a sventola che sono apparse non appena le ho fatto una coda alta.

«Non sono da elfo. Gli elfi ce le hanno a punta. Queste qui sono orecchie da nano» protesta.

«Ma no, deve esserci un errore: qui il nano è solo lei» rispondo indicando la Seienne, dalla statura piuttosto minuta, e provocando l'ilarità della Novenne.

«No, io non sono un nano» mi corregge la piccola «ma una patata» dichiara, indicando il rigonfiamento duro e arrotondato sulla sua pancia, tipico dei bambini.

Non so quando sia successo esattamente. Ma all'improvviso nel gioco dello specchio si sono intrufolati "i difetti", ossia la percezione di essere imperfette rispetto a un modello che non so esattamente da dove arrivi. Non da me, che non sono mai stata a dieta e parlo poco del mio corpo. Non dalla televisione, che guardano di rado e solo per documentari o grandi film. Non dalla Rete, che è ancora un territorio inesplorato. Eppure è successo: le mie figlie, a 6 e 9 anni, osservano il loro corpo attraverso la lente di un canone estetico che è quello dominante nella società in cui sono cresciute.

"Le femmine non nascono già con un odio atavico nei confronti del proprio corpo" dice il pedagogo australiano Steve Biddulph. Eppure lo sviluppano in poco tempo. A questa età non è odio, per fortuna, ma un sentimento informe, che rilascia licenze di scherzare e che tenta di definire i propri contorni attraverso il dialogo, la comunicazione.

Il corpo è uno dei pochi argomenti delicati che ancora non sono divenuti tabù. Costruirci una narrazione scherzosa mi è venuto istintivo. Anche questa volta, stavo ripetendo lo schema vissuto nella mia infanzia.

In quel grande gineceo che era la mia famiglia, esattamente come succede negli spogliatoi delle palestre, ci si guardava tutte l'un l'altra. Il commento era libero da ogni forma di censura, indifferente alle suscettibilità individuali, spietato e democratico. Qualsiasi peculiarità fisica veniva presto classificata in un database di eredità matrilineare e finiva per essere congelata per sempre: il naso di zia Rosetta, la pancia di nonna Carmela, le braccia di commara Maria. Pregi e difetti si mescolavano gli uni agli altri senza che si potessero più distinguere. Anche perché non contavano in sé ma in quanto manifestazioni fisiche di un'eredità più profonda, interiore, che lasciava intuire, a un primo sguardo, che cosa ci si sarebbe potuti aspettare da quella persona.

Io, per esempio, avevo le gambe di nonna Anna. Bel viso, pancia piatta, ma le famigerate gambe della madre di mia madre. In una famiglia di gambe lunghe, snelle e bellissime, io ero andata a ripescare quel gene recessivo ormai sparito da generazioni che riappariva di tanto in tanto. Su di me, appunto. Ma quelle gambe erano il segnale di qualcosa di più profondo. Un filo rosso che da mia nonna arrivava a me ben oltre quella caratteristica fisica. Era una particolare attitudine alla vita, strafottente, poco incline a rispettare le regole, orientata a trovare il lato divertente in tutto.

L'eredità fisica, pregio o difetto che fosse, dopo essere stata accuratamente classificata, veniva battezzata con epiteti di ogni tipo. Per quanto nel tempo si potesse modificare, rimaneva il tuo segno distintivo. Sottolinearne la sopravvivenza, dopo anni, anche di fronte all'evidenza della sua scomparsa, era un modo per riconoscere e confermare la tua appartenenza alla grande famiglia. In compenso, ogni altra variazione del corpo, specie quelle relative al peso, veniva registrata e commentata con precisione diagnostica. "Ti sei ingrassata: che è successo?" "Uh, come sei sciupata..." Difficile che un cambiamento fosse di natura positiva.

Talvolta mi domando come sia possibile che, da un'infanzia e un'adolescenza simile, io sia emersa non con un cumulo di complessi, ma con una bonaria rassegnazione all'eredità casuale e inesorabile che mi aveva attribuito proprio quel corpo lì. Quasi la percezione che non avrei potuto scindere i difetti dai pregi, correggere i primi senza rinunciare anche ai secondi.

"Ecco la definizione di bellezza / un gran naso adunco / puntato per il cielo / come per esserne all'altezza / una pelle del colore della terra / che i miei antenati coltivavano / per nutrire una progenie di donne dalle / cosce grosse come tronchi / occhi come mandorle / socchiusi con sicurezza / scorrono i fiumi del Punjab / nel mio flusso sanguigno."

In questi versi della poetessa indiana Rupi Kaur[1] ho riconosciuto la *lezione non detta con cui tutte le donne della mia famiglia sono state cresciute, la numero quarantacinque: il vostro corpo è la vostra storia, arriva da lontano, amatelo per ciò*

[1] Rupi Kaur, *Milk and Honey*, Tre60, Milano 2017.

che racconta di voi, non per quanto si avvicina a un modello senza tempo e senza radici.

Un giorno, in redazione, si parlava dei risultati di una ciappetta che, applicata verso i 9 anni, correggeva le orecchie a sventola per sempre. Ho fatto un minisondaggio tra le mie colleghe: la proporreste a vostra figlia? "Solo se odia le sue orecchie" mi ha risposto qualcuna. "Anche se non le odia, tanto prima o poi se ne farà un complesso" mi hanno detto le altre.

A trattenermi era una reale simpatia per quelle orecchie, di cui non avevo individuato una discendenza ereditaria, ma che regalavano al viso della Novenne una straordinaria personalità. Ne allungavano gli occhi, ne scombussolavano il contorno, tanto che le proponevo spesso di pettinarsi con uno chignon o una coda alta e lei, sia pur brontolando, acconsentiva.

Prima di raccontarle del rimedio, ho dovuto far pace dentro di me con un suo eventuale sì. Poi una sera, davanti allo specchio, il mio volto esattamente sopra il suo, le avevo tirato su i capelli come stavo facendo adesso. "Sai che c'è un modo per farle sparire per sempre?" le ho detto. "Davvero?" i suoi occhi si sono illuminati. "Si tratta di tenere per un anno una ciappetta che assomiglia a un orecchino. Funziona solo a questa età, se lo fai quando sei più grande il risultato non è garantito." Si è fissata nello specchio, ha lanciato uno sguardo di sufficienza alle sue orecchie, poi ha fatto una smorfia col viso e ha detto: "Ma no, me le tengo".

Non ero in me dalla contentezza. E dalla vergogna: con quella stupida proposta avevo rischiato di farle credere che fossi io a non amare un pezzo di lei con cui stava venendo a patti. Evidentemente, negli ultimi due anni di coda alta e chiacchiere davanti allo specchio, senza dirmelo, aveva maturato la mia stessa ammirazione per quelle orecchie. Aveva realizzato che perdendo quel pezzo di sé, avrebbe annacquato il miracolo della sua unicità. Non me ne ero accorta, ma la Novenne aveva già imparato ciò che la cantante Pink ha spiegato a sua figlia di 6 anni che si vedeva brutta: "Noi non cambiamo. Prendiamo la sabbia, prendiamo la conchiglia e creiamo una perla. E aiutiamo gli altri a cambiare, in modo tale che possano vedere molti più generi di bellezza".[2]

[2] Dal discorso pronunciato il 27 agosto 2017 dopo aver ritirato il premio Michael Jackson Video Vanguard Award durante i 2017 MTV Video Music Awards.

29

Dalle mura che costeggiano il lungomare di Spalato, si apre un arco che conduce a un'ampia strada coperta. Un fiume di gente, indifferente alle decine di bancarelle di souvenir, vi scorre così lentamente da sembrare immobile. Uscite di casa senza una meta, ci accodiamo attratte dall'atmosfera da suk mediorientale. «La legge del caprone» mi sussurra la Novenne. Scoppio a ridere. È la frase in codice che utilizziamo quando ci capita di seguire una folla pur non sapendo dove stia andando. Ho lasciato la guida a casa. Perdermi tra i vicoli delle città che non conosco è un lusso raro, che amo concedermi di tanto in tanto. Ma nello spaesamento che ne consegue finisco per far decidere l'itinerario ai flussi di gente che incrocio casualmente lungo il cammino. L'assenza di meta mi rende vulnerabile alle mete altrui. È anche questa una tecnica di viaggio: seguendo processioni di donne in abito da festa, musicisti itineranti o bambini che andavano a scuola ho sempre intercettato frammenti di altrove particolarmente autentici. Talvolta, è la voglia di andare controcorrente a farci perdere occasioni e a restringere i nostri orizzonti.

La folla ci ha condotto nei sotterranei del Palazzo di Diocleziano, un labirinto di stanze, completamente vuote, eccezion fatta per i gatti dal fare sinistro che vi si aggirano. A rendere così frequentate queste umide segrete è una circostanza particolare: qui è stato girato *Il Trono di Spade*.

«Cos'è, mamma?»
«Una serie televisiva che guardano tutti.»
«Strano, i miei amici non ne parlano.»
«E lo spero bene: è una serie per grandi.»
«Quindi tu la guardi?»
«No, ma so di cosa si tratta perché tutti ne parlano.»
«Anch'io so di cosa parla *Alex & Co.*, pure senza guardarla.»
«E non ti è mai venuta voglia di vedere una puntata?»
«No.»
«Neanche per avere un argomento di discussione con gli amici?»
«Chiacchiero con chi mi parla d'altro.»

Nella Novenne mi rivedo bambina tra i bambini. Ragazza tra i ragazzi. Indifferente ai cantanti che tutti conoscevano, ai vestiti che tutti indossavano, ai libri che tutti leggevano. Al liceo, che frequentai in città, attribuivano la mia stranezza alle origini provinciali. Ma io sapevo di essere stata sempre così. Nella scuola media di paese, omologata agli altri da un grembiulino nero, mi distinguevo perché non tenevo né per i Duran Duran né per gli Spandau Ballet: non ascoltavo nessuno dei due gruppi. Esattamente come anni dopo ignoravo i Queen, i Doors o i Guns n' Roses che facevano sognare le mie amiche. Non ero una carismatica portatrice di una controcultura alternativa, non ero una fiera ribelle ai consumi della massa. Vivevo solo in una bolla di interessi, passioni e desideri che si erano formati dall'intersezione di due insiemi piuttosto minoritari: gli studenti del conservatorio e i coetanei del mio paese.

La mia umile condiscendenza verso gli interessi collettivi mi aveva esonerata dai motteggi e risparmiato l'isolamento. La mia compagnia era gradita come quella di un fuorisede in un gruppo di persone nate e cresciute nello stesso quartiere. Mi trattavano come un elemento esotico, perennemente spaesato ma comunque degno di rispetto per le esperienze uniche a cui aveva avuto accesso e che di tanto in tanto tirava fuori.

Se a quel tempo vivevo la mia "diversità" con grande

naturalezza, una volta cresciuta ho provato una punta di rimpianto per la mia scarsa frequentazione dei classici della cultura generazionale. Lasciata la mia terra, avrei voluto avere una colonna sonora o un repertorio di esperienze in comune con i coetanei che via via intercettavo sul lavoro o in altri contesti sociali, e con i quali non riuscivo a stabilire altri punti di contatto. Talvolta mi sono sottoposta a un forzato recupero pur di avere argomenti di cui parlare. Ma poi, man mano che passavano gli anni, è subentrata in me la gratitudine per il tempo che ho dedicato a coltivare i miei veri interessi piuttosto che a rincorrere quelli altrui.

Quando vedo la Novenne incamminarsi per il mio stesso sentiero, in compagnia dei maschietti che non giocano a calcio o dei bambini che non hanno la tivù, mi capita di spingerla a qualche incursione nelle strade più battute, di stimolarla a esplorare ciò che appassiona la maggioranza dei suoi amici. Lo faccio per curiosità giornalistica: vorrei che come un piccolo Virgilio mi guidasse a conoscere la cultura della sua generazione. Ma anche per evitarle rimpianti futuri. *Una lezione che ho imparato negli anni, la numero quarantasei, è che la diversità può divenire una gabbia tanto quanto l'omologazione.* È la gabbia in cui finisce chi non sa incrociare il proprio mondo con quello degli altri. E costruisce la propria identità sulla differenza e non sul reale desiderio.

La strada dei miei desideri, che è sempre stata ben visibile, ha iniziato a sfocarsi attorno ai 25 anni. Arrivai a Milano inseguendo il sogno di fare la giornalista, scrivere e viaggiare senza essere incatenata a una scrivania. E ce la stavo facendo. Passavano i mesi e sempre più giornali richiedevano i miei articoli, accettavano le mie proposte, ma quando si trattava di assumere un nuovo giornalista, la scelta cadeva su qualcun altro. Mentre io realizzavo esattamente il mio sogno di scrittura e libertà, dentro di me si scavava una voragine di insicurezza: cos'hanno gli altri che io non ho, mi chiedevo. Non volevo il posto fisso ma desideravo essere io a rinunciarvi. Non volevo essere assunta, ma desideravo che me lo proponessero per poter dire che quella di fare la freelance era stata una libera scelta. L'indicatore del successo tra i miei coetanei trasferitisi dalla Puglia a Milano era il tempo impiegato a ottenere un contratto a tempo indeterminato. E io, che avevo vissuto un'infanzia e una giovinezza del tutto indifferente ai parametri del giudizio altrui, adesso desideravo indossare e mostrare a tutti la medaglia del successo.

Ho capito allora la *lezione numero quarantasette: imparate a distinguere i desideri veri da quelli marci.* I primi sono quelli che bruciano di passione, che incendiano chi si avvicina: sono i desideri ai quali appendiamo la nostra idea di felicità e che in genere ci rendono felici per il solo fatto di desiderarli. Quelli marci, invece, li facciamo con la parte di noi che vuole dare una soddisfazione ai genitori, o peggio ancora ottenere un riconoscimento dagli amici e dalla società. Un tempo, l'educazione di una ragazza perbene, come racconta Simone de Beauvoir, prevedeva la soppressione del desiderio. "Appresi dalla mamma a restare in ombra, a controllare il mio linguaggio, a censurare i miei desideri, a dire e a fare esattamente ciò che si doveva dire e fare. Non rivendicavo niente e osavo ben poco."[1] Oggi che possiamo desiderare tutto, dobbiamo imparare a setacciare il cumulo confuso delle nostre aspirazioni, per tenere solo quelle che contengono una promessa di felicità.

Sbuchiamo in un enorme cortile circondato da colonne romane. Siamo nel cuore del Palazzo di Diocleziano, che assomiglia più a una cittadina fortificata che a una residenza imperiale. La folla si disperde tra i tanti vicoli, ciascuno dei quali si allarga in una piazzetta, che si restringe a sua volta in un fitto dedalo di strade. Ci incamminiamo liberamente, calpestando la pietra liscia e passando di fianco ad

[1] S. de Beauvoir, *op. cit.*

antichi templi trasformati in cattedrali, colonne, statue. Finché, esauste, troviamo un posto dove cenare.

Una volta sedute, do voce a un desiderio che ho sentito nascere dentro di me fin dal mattino. Forte della sua eccezionalità, ha catalizzato la mia attenzione e adesso viene fuori senza prudenza: «Che ne dite se interrompiamo il viaggio e andiamo a Roma per conoscere la cuginetta?».

Non avevo motivo di temere la risposta. Un siiiiiì lunghissimo, tanto quanto il tempo necessario a realizzare che sto parlando sul serio, fa voltare i nostri vicini di tavolo. La voglia di famiglia che nutrono queste due bambine è famelica. Non c'è spiaggia, montagna o parco giochi che possa competere con la prospettiva di una riunione familiare. Pur vedendoli di rado, con nonni, zii e cugini godono di uno speciale lasciapassare, che permette loro di accedere a un livello avanzato di intimità, tale da riuscire a capitalizzare anche le visite più brevi, accumulando una scorta di emozioni, calore e ricordi a cui attingere nei mesi a venire.

La decisione unanime ed entusiasta mi vale la licenza di usare il cellulare a tavola: c'è un traghetto da Spalato ad Ancona da prenotare.

30

Un WhatsApp dalla redazione si fa miracolosamente strada nella gara di decibel ingaggiata tra il rombo assordante del motore e le casse acustiche del motoscafo. Ci siamo ricavate lo spazio per un'ultima nuotata epica nel mare croato, prima di imbarcarci, stasera, per Ancona. La meta è il Corno d'Oro, la spiaggia più bella dell'isola di Brazza, perennemente battuta dai venti e da orde di turisti come noi. "Che facciamo sulle ventenni uccise?" mi chiede una collega dell'Attualità. Una stoccata. Mi accorgo di non aver scorso la timeline di Twitter nelle ultime ventiquattr'ore, né tantomeno di aver letto i giornali. E non posso farlo adesso: devo tenermi stretta più che posso, se non voglio essere sbalzata fuori da questo tagadà infernale.

Quanto più lo skipper taglia le onde con violenza, tanto più le tre voluttuose fanciulle sedute a prua, di fianco a noi, urlano e ridono. Sono egiziane, affamate di piacere e straripanti di carne, contenuta a stento dai loro striminziti bikini. Arrivano dall'Italia, Milano per la precisione, che hanno battuto negozio per negozio, e come prova mi mostrano le borse griffate che stanno immolando alla salsedine. Guardarle mi mette allegria. Sono un inno al godimento e alla vita. Una di loro riesce a sfondare la barriera degli occhiali da sole che lo skipper ha alzato tra sé e il mondo. Gesticolando, gli chiede di guidare. Lui la sfida: vieni pure, le fa cenno. Ma non appena la ragazza si alza, con una virata la fa cascare in terra. Il gioco della seduzione è iniziato. A un certo punto lui si toglie gli occhiali da sole. L'aria da macho svanisce assieme alle lenti a specchio. Gli occhi piccoli e ravvicinati rivelano un'insicurezza insospettabile. L'arbitro del gioco diventa lei.

Sposto lo sguardo dalle turiste egiziane alle mie figlie. Chissà che donne diventeranno, mi chiedo. Chissà quali impressioni lasceranno a un viaggiatore incrociato per caso, mentre saranno in viaggio con le amiche. Mi chiedo se assomiglieranno di più alle australiane di ieri, dal futuro ancora confuso, ma con gli zaini carichi del necessario a sopravvivere nel deserto. O se assomiglieranno di più a questa versione araba di "Sex and the City". Saprò evitare di condizionarle con la mia preferenza per l'uno o l'altro modello? Saprò mantenere lo sguardo divertito dell'osservatore esterno, che ho in questo momento?

Terraferma, finalmente. Decifro il messaggio. Nel mondo del giornalismo si dice che tre indizi facciano un fenomeno. La circostanza che le ultime tre ragazze vittime di femminicidio siano ventenni è il nuovo fenomeno di cui la redazione mi propone di parlare. Ci vuol poco a capire che si tratta solo di una coincidenza, senza alcuna rilevanza statistica. Resta il fatto che è uno spunto valido per ritornare su un tema che non sarà mai scavato abbastanza.

Ci incamminiamo lungo la spiaggia di ciottoli bianchi, ancora semideserta. Qua e là, poche famiglie con bambini piccoli se ne stanno ammassate sotto ombrelloni barcollanti. In mare, decine di windsurf coloratissimi sono spinti a tutta velocità dal vento leggendario di questo litorale. L'acqua è così trasparente che riesco a seguire i passi titubanti delle piccole che vi si avventurano combattendo contro il freddo. Le egiziane saranno già con un cocktail in mano in uno dei più esclusivi beach bar dell'isola.

Indago la leggera malinconia che grava sul mio umore. Scopro che non è dovuta all'imminente fine di questo strano, bellissimo viaggio, bensì a un'immagine che non mi abbandona, quella delle ventenni uccise per mano dei fidanzati. È un duro colpo alla muta speranza di noi madri, e cioè che il semplice fatto che le nostre figlie appartengano a una generazione cresciuta con donne nello spazio, donne capi di Stato, donne che possono tutto, le metta al sicuro dallo scegliere e amare uomini che finiscano per ammazzarle. Se succede anche alle ventenni, non c'è scampo. La cultura e la società non lavorano al posto nostro. Ma d'altra parte, cosa può fare una mamma per mettere al sicuro una figlia? Di fronte alla scelta di un ragazzo, qualsiasi ingerenza otterrebbe l'effetto contrario. Mi tornano in mente le pagine memorabili di Elena Ferrante in *Storia della bambina perduta*, quando la protagonista sopporta pazientemente l'infatuazione e poi la convivenza di sua figlia con il prototipo del ragazzo sbagliato, consapevole che qualsiasi sua interferenza li avrebbe spinti ancora di più l'una tra le braccia dell'altro. La sua strategia funziona e i due finiscono per lasciarsi.

È un bel parlare di educazione sentimentale: per me si tratta di un non fare, un non educare, un non commettere invasione di campo. Tanto più con due ragazze come le mie. La Seienne si volta ancora disgustata alla vista di un bacio. La Novenne lascia a metà un libro se si accorge che la quota rosa, intesa come quantità di romanticismo, supera un livello per lei sopportabile. E prima di vedere un film, si assicura che la storia d'amore, quasi sempre imprescindibile, non sia preponderante sul resto della trama. C'è in loro la fierezza selvaggia e meravigliosa delle amazzoni. Io aspetto che vengano i giorni dell'amore per poter toccare certi argomenti. Ma quei giorni arriveranno e la porta mi verrà sbattuta in faccia: non sarò io quella con cui vorranno parlare.

C'è però una cosa che posso fare, che ogni madre può fare, fin da subito: insegnar loro ad amare se stesse. Ve ne ho citate tante ma la mia poesia preferita di Rupi Kaur è questa, e la rubo per farne la *lezione numero quarantotto: "Il modo in cui ti ami è il modo in cui insegni ad altri ad amarti"*.[1]

[1] R. Kaur, *op. cit.*

Un solo verso per la più importante verità sull'amore. Non c'è una formula matematica che possa proteggerci da una relazione violenta. Ma c'è un lavoro preliminare che possiamo fare su noi stesse. Possiamo imparare a volerci così bene, da trasmettere agli altri la convinzione che non accetteremo un grammo in meno di amore da parte loro.

Arrivata a questo punto, credo di aver scritto un libro intero su cosa significhi volersi bene. E cioè prendersi cura della propria felicità e non metterla sempre dopo quella degli altri, sapendo che non è una scelta di egoismo: la nostra felicità contagia tutti quelli che ci vivono accanto. E ancora: rispettarsi, ascoltare i propri desideri, capire i propri tempi, le proprie emozioni, riposarsi quando se ne sente il bisogno. Infine perdonarsi tutto ciò che non si riesce a fare o a essere, praticare l'indulgenza verso se stesse. Piano piano, ho imparato anche a disinnescare il senso di colpa che scatta ogni volta che mi dedico del tempo e delle attenzioni. Non sto togliendo nulla alle mie figlie, sto insegnando loro ad amarsi.

Prima che l'amore in casa nostra divenisse un tabù, stabilito dalla Novenne, rispettato dalla Seienne, le mie figlie, come tutte le bambine del mondo, si fidanzavano con compagni dell'asilo senza che questi lo sapessero. E respingevano con spietata fermezza dichiarazioni di maschietti intraprendenti. Poi più nulla. Il grande silenzio. L'amore è sparito dalle conversazioni familiari per rifugiarsi, forse, nei discorsi sussurrati sul letto a castello tra amiche del cuore. Ho fatto qualche tentativo per tornare a meritare quelle tenere confessioni, ma mi sono dovuta arrendere al bando a vita emanato su di me dalla Novenne.

Di quel primo approccio all'amore di cui ero stata messa a conoscenza, mi ha sempre colpito l'assoluta autoreferenzialità. Le bambine erano così concentrate sui loro gusti, desideri, preferenze, da non darsi pensiero di un'eventuale corrispondenza dall'altra parte. E non mostravano lusinga, ma fastidio, nell'essere prescelte da chi non avevano scelto a loro volta. Non so quando succede, ma a un certo punto tutto ciò si capovolge. Si passa dal piacere di amare anche senza essere riamate, al desiderio di essere amate, scelte. E cioè da soggetto del verbo amare a oggetto. Mi sono accorta di questa inversione qualche anno fa, al cinema, guardando *Frozen*, che è stato un grande fenomeno commerciale, ma anche il primo film della Disney scritto e codiretto da una regista donna, Jennifer Lee. La quale ci gioca un brutto tiro, confidando sulla forza degli stereotipi. A un certo punto ci fa sapere che la protagonista, vittima di un incantesimo, può essere salvata solo con un "atto di vero amore". Istintivamente tutti nel pubblico pensiamo che quel gesto lo debba ricevere. Non c'è niente da fare, siamo programmate così. L'amore è prima di tutto ciò che suscitiamo negli altri. E così ci mettiamo a seguire questa intrepida eroina nel suo tentativo di ottenere un bacio dal suo presunto amato. E a sperare che il bacio arrivi in tempo. Quando invece, scopriremo dopo, per salvarsi le basterà compiere un gesto d'amore, non riceverlo. E per giunta nei confronti di sua sorella, non di un uomo. Della serie: lei salvò se stessa e tutti vissero felici e contenti. La morale di questo film è la *lezione numero quarantanove: imparate ad amare, non a farvi amare*. Il primo inganno d'amore sta nella lusinga di essere scelte da qualcuno, nel farci piacere chi ci desidera per il solo fatto che siamo onorate di piacergli.

Ma per imparare ad amare bisogna riconnettersi al proprio desiderio. È quando desideriamo la compagnia, il tempo, la presenza, la conversazione, i silenzi, il corpo di qualcuno che molto probabilmente amiamo. Desiderio e amore sono parenti troppo stretti per essere scissi. Senza desiderio, l'amore è solo un'elaborazione intellettuale, un autoconvincimento, una scelta di convenienza. Per seminare sospetto nei confronti del desiderio, fin da bambine ci viene insegnato a scindere corpo e anima, a innamorarci del dentro non del fuori, di ciò che uno è non di come appare. Come se il desiderio possa guidarci solo a una valutazione superficiale delle persone, regalandoci abbagli clamorosi. La fiaba de *La bella e la bestia*, un archetipo che ha radici in tantissimi continenti, dall'Africa alla Cina, sembra ideata per dimostrarci questo, con tanto di premio finale per chi riesce ad andare oltre le apparenze: la trasformazione della Bestia in bel principe. E invece a me ha sempre dimostrato tutto il contrario. Non so voi, ma io come Belle mi lascio affascinare dalla profonda cultura della Bestia, dalla brutalità della sua forza, e mi faccio sedurre da quella brutalità autoaddomesticata per amore. Insomma, mi infatuo non dell'anima del mostro, ma del mostro tutto: corpo e anima. L'apparizione del bel principe, istintivamente, mi fa pensare di dover ricominciare tutto da capo. La delusione per la scomparsa della Bestia è cocente. Il fatto è che ci innamoriamo e desideriamo quel mix unico di contenitore e contenuto. Forma e sostanza. Che nel tempo può cambiare, certo. Ma non in maniera così radicale e repentina come solo un incantesimo può fare.

Riavvolgo il filo dei miei pensieri, chiedendomi come sia finita a ragionare di amore partendo da tre ventenni uccise. Ma in fondo di questo si tratta quasi sempre, di amori fraintesi.

Dopo aver onorato l'ultima nuotata nelle acque gelide di questo splendido mare, che inizia a saturarsi di bagnanti, ritorniamo alla nostra imbarcazione. Le egiziane sono già sul motoscafo, asciutte e impeccabili, pronte a ridare il via ai loro giochi di sguardi e seduzione.

31

Chiuso l'ultimo borsone, ci rimangono ancora un paio d'ore prima di imbarcarci. Giusto il tempo di onorare la terza promessa fatta a Lui: salire sul campanile della Cattedrale di San Doimo. Quando usciamo di casa, enormi nuvole nere si sono impossessate del cielo sopra Spalato. Corriamo verso la biglietteria, cercando di anticipare quello che si preannuncia come un furente acquazzone estivo. Arrivati in cima alla torre campanaria, tutto è ancora immobile. I nembi bassi e scuri, che per chissà quale ragione si ostinano a trattenere l'acqua, creano uno sfondo a contrasto per l'enorme distesa di tetti rossi che si svela ai nostri piedi. Li seguo fino alle colline che cingono la città, dove si diradano, per poi sparire del tutto, come fagocitati dal bosco. Intanto in mare, sotto un cielo limpido e indifferente al rombo dei tuoni che scuotono la terraferma, la nostra nave si appresta a iniziare le operazioni di imbarco.

Ovunque andiamo, Lui si ritaglia il tempo per salire sul punto più alto, che sia una collina, una torre, un grattacielo, da dove abbracciare con lo sguardo una porzione più o meno ampia di orizzonte. Lo fa anche a Milano, la città in cui viviamo. Nei giorni di sole, quando il cielo è senza filtri causati dall'inquinamento, Lui trascina l'intera famiglia sul Pirellone, sul Monte Stella, sulla Torre Branca. In queste escursioni è sempre munito di binocolo. Ed è capace di trascorrere interminabili quarti d'ora guardando non so cosa. Per me il panorama è un colpo d'occhio, un quadro, mi colpisce per la composizione, i colori, la profondità di campo. Ma quando ho finito di esplorarlo, quand'anche ho censito tutti i grattacieli, ho seguito come in un videogame tutte le auto, ho contato i parchi e le piazze e ammirato le cime in lontananza, Lui è ancora lì che osserva, ragiona, calcola. Ho sempre pensato che vedesse qualcosa che io non vedo. E ho collegato il mio scarso senso dell'orientamento con la mia poca capacità di apprezzare questa visuale. Chissà, magari è vero il contrario. Forse è proprio guardando dall'alto che Lui impara a orientarsi, memorizza mappe, stabilisce punti di riferimento. Se ci provo, posso riuscirci anch'io. E così mi sforzo di individuare, in mezzo a tutti gli altri, il tetto rosso che ci ha ospitato, e poi la piazzetta dove abbiamo cenato e stabilito il nostro cambio di rotta. Cerco anche di studiare il percorso che dovrò fare adesso per imbarcare la mia auto. Quando termino questi esercizi di orientamento, mi accorgo di aver dedicato per la prima volta a un panorama una quantità di tempo pari alla Sua. E accidenti, si è fatto tardi.

Torniamo a recuperare i bagagli e ci chiudiamo la porta di casa alle spalle, seguendo le istruzioni dell'uomo col colbacco, che si è detto rattristato dalla nostra partenza improvvisa: avrebbe voluto passare a salutarci. Raggiungiamo il molo con disinvoltura, seguendo l'itinerario mentale che ho costruito dalla torre, ed entriamo con l'auto nella pancia del traghetto. Un signore, che deve essere un campione mondiale di Tetris, mi guida come fossi un mattoncino nella complessa operazione di parcheggiare lasciando meno spazio vuoto possibile. Dopodiché, preso uno zaino con il necessario per la notte, sgattaioliamo su in coperta e recuperiamo la chiave della nostra cabina. L'assenza di oblò ce la rende claustrofobica, così ne usciamo quasi subito per partire all'esplorazione di questa grande città galleggiante.

Come viaggiatori, siamo schiavi dei piani ferie, in perenne lotta contro il tempo. La parte che sacrifichiamo di più è lo spostamento, il nostro andare e tornare è sempre precipitoso, un aereo dopo l'altro, con in mezzo lunghi scali, che consumiamo accampati negli aeroporti o fagocitati da visite lampo: 12 ore a Parigi, 8 ore a Hong Kong, mezza giornata a Dubai. Salire su un traghetto e trascorrerci una notte intera per coprire un tratto di mare grande come un'unghia sull'enorme mappa del mondo appesa all'ingresso di casa, ci fa sentire per un momento come la bizzarra compagnia di Phileas Fogg, l'imperturbabile protagonista del *Giro del mondo in 80 giorni*. La sensazione di compiere un'impresa avventurosa pur viaggiando lenti come lumache ci mette in uno stato di eccitazione. Che si mescola all'ebbrezza del ritorno.

In genere, durante gli ultimi giorni di viaggio, gli occhi delle bambine brillano di una luce speciale: non c'è modo migliore per cementare il legame con la propria terra che vivere la fatica dell'Altrove, mi dico. E quando vedo quel particolare luccichio commetto ogni anno lo stesso errore. "Allora, ragazze, vi è piaciuto questo viaggio?" domando sul volo di ritorno. "Assolutamente, no!", "Non ci tornerò mai più", "Molto meglio quello dell'ultima volta"... e via così, con piccole variazioni sul tema. Mi sono lungamente interrogata circa queste risposte. Anche perché, di anno in anno, diventiamo una squadra sempre più rodata e capace di godere di ogni piccolo istante della nostra avventura. L'unica spiegazione che riesco a darmi è che le esperienze, belle e brutte, che si accumulano nei nostri viaggi sono così tante che è davvero impossibile razionalizzarle sul volo di ritorno. Si metabolizzano lentamente. Ci vogliono mesi per riviverle e classificarle nel proprio album dei ricordi. Giusto in tempo per poter dire, alla fine del viaggio successivo, che quello precedente è stato insuperabile.

È così anche per me. A rendere speciale un viaggio è il modo in cui trasforma il mio ritorno, il modo in cui l'esperienza appena vissuta contamina la quotidianità. Nel tornare a casa c'è l'entusiasmo di un nuovo inizio, di un capodanno. Pieno di buoni propositi e di nuovi progetti, che il viaggio ha contribuito a definire.

Questa volta, poi, non si torna neppure a casa. Ma si fa rotta verso un altro porto sicuro e familiare, la casa della zia, che all'improvviso, dalla sera alla mattina, ha cambiato aspetto. La famiglia ha un nuovo componente, un nuovo volto. È tutta da riscoprire.

Saliamo e scendiamo dai ponti della nave finché troviamo la posizione migliore per osservare da una parte la terra che si allontana, sotto un tetto di nuvoloni neri che finalmente scaricano l'acqua lungamente trattenuta e, dal lato opposto, il sole che si lascia inghiottire dal mare sullo sfondo di un cielo aranciato. Poi, come Phileas Fogg con al braccio la sua compagna di viaggio Auda e il fedele Passepartout, ci dirigiamo nella sala ristorante. Il gioco del piroscafo a vapore ci coinvolge a lungo, ma quando termina, ci accorgiamo di non avere ancora ordinato. Il canuto cameriere, che si dà arie da capo chef, sembra trapassarci con lo sguardo. Per quanto ci sbracciamo a fargli cenno, non ci vede, letteralmente.

Un dubbio si insinua nella mia mente e rabbuia il mio sguardo. Quando, con un gesto esplicito e spazientito, riesco a farmi notare, lui si avvicina e mi chiede: «Siete al completo?». Ci aveva visto, fin da subito, ma aspettava che comparisse al nostro fianco un uomo: il papà, il marito, il nonno non importa. Mentre ordiniamo, la mia rabbia si sgonfia velocemente per lasciar posto alla solita gentilezza. Il repentino cambiamento di umore viene notato dalle piccole.

«Perché eri arrabbiata con quel signore?» mi chiede la Seienne.

«Perché pensavo che non ci stesse servendo in quanto donne» rispondo.

«E perché avrebbe dovuto?» mi chiede sorpresa.

«Già, perché? Non c'era nessun motivo, ma mi era balenata questa assurda idea in mente...» le dico.

«E invece, perché non veniva a chiederci di ordinare?» interviene la Novenne.

«Perché dava per scontato che non viaggiassimo da sole, ma con papà e che lo stessimo aspettando.»

«Quindi perché siamo femmine» mi ribatte con la sua logica infallibile.

«In un certo senso sì, però nel primo caso sarebbe stata una scortesia: non ci serviva perché ci considerava clienti di serie B. Nel secondo caso, invece, è solo stato tratto in inganno dal suo intuito, è stato annebbiato da uno stereotipo.»

«Cos'è uno stereotipo?» mi chiede.

«Come faccio a spiegartelo... Ti ricordi quel libro sui filosofi?»[1]

«Sì, certo.»

«E ti ricordi cosa faceva Socrate quando incontrava la gente?»

«L'aiutava a togliere l'erbaccia dalla propria mente» risponde diligentemente.

«Ecco, l'erbaccia è lo stereotipo, il pregiudizio, ciò che ci impedisce di valutare le cose per ciò che sono, ma fa sì che le consideriamo sulla base di schemi mentali che abbiamo elaborato col tempo o che si sono radicati dentro di noi senza che neanche ce ne accorgessimo. Lo stereotipo in questo caso nasce dal fatto che quel signore deve aver visto di rado una mamma viaggiare da sola con le figlie.»

«E questa cosa non ti fa arrabbiare?» mi chiede insistente.

«In realtà no, l'erbaccia che cresce nella testa degli altri non mi fa arrabbiare, specie se con il mio comportamento riesco a sradicarne un po'. Speriamo solo che non ricresca.»

«Io odio gli stereotipi» borbotta, pensando alla cotoletta che avrebbe potuto essere già davanti a lei. E che comunque non tarda ad arrivare, dal momento che il cameriere si prodiga in ogni modo per riparare il suo errore di valutazione.

«Gli stereotipi non sono sempre brutti e cattivi» tento di spiegarle. «Prendi il colore rosso, che esprime pericolo, o il verde che ci dà il via libera. Ovunque andiamo nel mondo, o quasi, questi stereotipi ci aiutano a orientarci.»

«Come il rosa per le femminucce e l'azzurro per i ma-

[1] Luciano De Crescenzo, *7 idee per 7 filosofi*, Mondadori, Milano 2016.

schietti?» interviene la Seienne, che sembra aver avuto un'illuminazione improvvisa.

«Be', quelli non sono così universali e... utili. Potrebbero servire a riconoscere un neonato, ammesso che sia così importante sapere se si tratti di una femmina o di un maschio» le rispondo. «Smettono di avere senso dopo, ma questa è un'altra storia. Gli stereotipi, insomma, sono una segnaletica. Il fatto di aver visto una mamma e due figlie ha istintivamente fatto pensare al cameriere che quel tavolo non fosse completo e che doveva dare priorità ad altri più completi. Probabilmente la stessa intuizione avrà funzionato cento volte prima di non funzionare questa. E in quelle volte avremmo lodato il mestiere e l'esperienza del cameriere. La maggior parte degli stereotipi contiene un aspetto della verità. Il fatto è che troppo spesso ci accontentiamo di quello e ne restiamo prigionieri. Poi ci sono gli stereotipi marci. Quelli che partono da presupposti scientificamente falsi, come l'esistenza delle razze, o la superiorità del maschio sulla femmina. Ma non sarete mai sole a combatterli, oggi potete contare sulle leggi, sui libri, sulla storia.»

Quello che mi sta a cuore che impariate adesso è la *lezione numero cinquanta: il modo migliore di combattere gli stereotipi è non permettere loro di condizionare la vostra vita.* E quindi, per prima cosa, riconoscerli nella vostra testa. Tenere pulito il vostro giardino interiore. Esercitare il pensiero critico che vi fa chiedere, tutte le volte, se la verità semplice che vi appare alla mente è provata o se è un prefabbricato che sta lì da chissà quando.

Io, per esempio, quando corro in un parco, riconosco di aver più paura se mi viene incontro un ragazzo nero incappucciato rispetto a un anziano signore col cane. E a furia di farci caso, ho imparato a diffidare di quella paura, a disinnescarla: prima o poi smetterò di provarla. Oggi, poi, ho scoperto quanto lo stereotipo che le donne siano meno dotate di senso dell'orientamento, e la convinzione di esserne la conferma, mi abbia condizionato, limitando il mio stimolo a sviluppare questa competenza, che forse aveva solo bisogno di un po' di allenamento.

Riconoscere gli stereotipi che agiscono in noi significa ritenersi ogni giorno padroni di una scelta: se usarli per comunicare, se ribaltarli per sorprendere, se confermarli perché ci rappresentano, o se negarli perché ci stanno stretti.

Ogni volta che smentiamo uno stereotipo con il nostro modo di vivere, stiamo contribuendo a estirparlo in chi ci vede vivere a quel modo. La migliore bandiera contro i pregiudizi sono le nostre azioni, non le nostre parole. Non c'è bisogno di rabbia, battaglie, aggressioni. Lo stesso Socrate estirpava l'erbaccia dalla testa dei suoi interlocutori con gentilezza e ironia. Chi siamo noi per farlo in modo diverso?

D'altra parte, quando compiamo delle scelte appositamente per smentire uno stereotipo, spesso finiamo per costruirne un altro. È la parabola toccata al colore rosa, che da settant'anni tinge tutto ciò che si rivolge al mondo femminile, dai Lego al frullatore, e che per questo motivo è stato osteggiato da generazioni di donne, che si sono private di un colore che magari amavano, fino a trasformarlo in una controetichetta da applicare a chi si ostinasse a vestirlo. L'onda dei cappellini rosa anti-Trump che ha invaso le piazze non avrebbe avuto il significato di oggi se prima non avessimo rifiutato il rosa come sinonimo dei luoghi comuni che pesano su noi donne. Il messaggio è chiaro: riappropriamoci di tutto, anche del rosa. Essere liberi dallo stereotipo significa muoversi agilmente al suo interno.

Epilogo

Abbiamo visto il porto di Ancona accoglierci come un abbraccio alle prime luci dell'alba. Abbiamo attraversato gli Appennini in tre ore filate, senza neanche il supporto di un audiolibro, ma progettando nei minimi dettagli, anche quelli irrealizzabili, la grande sorpresa che ci accingiamo a fare. Abbiamo parcheggiato l'auto e lasciato i bagagli in albergo.

Ora sono le 11 e ci aggiriamo per le strade di una Roma deserta, costretta al chiuso dalla canicola, in cerca di un fioraio aperto. Siamo pericolosamente vicine a casa di mia sorella, così, a ogni angolo, le nostre facce si sporgono a tre altezze differenti per controllare che non ci sia in giro nessun componente della famiglia, prima di procedere.

«Dobbiamo comprare dei fiori» aveva suggerito in auto la Seienne.

«Sì, giusto» aveva risposto entusiasta la Novenne.

«Ma dobbiamo dire al fioraio che è nata una femminuccia» aveva chiarito la piccola.

«Perché, secondo te esistono fiori da maschio e fiori da femmina?» aveva ribattuto la grande, con l'aria di chi la sa lunga.

«Certo» aveva risposto con convinzione la Seienne, provocando un sospiro nella sorella.

Eccolo, finalmente. Un fioraio aperto ci fa battere il cuore perché avvicina l'ora in cui tutti sapranno della pazzia che abbiamo fatto. Segue un classico dialogo.

«Vorremmo un mazzo di fiori» domando.

«Posso chiederle per quale occasione?» ribatte l'uomo gentilmente.

«Sì, certo: la nascita di un bambino.»

«Maschietto o femminuccia?»

Trattengo a stento la risata, mentre la Seienne annuisce compiaciuta e la Novenne emette lo stesso sospiro poco socratico di prima, con l'aggravante di un'alzata di sopracciglia.

«Femmina» rispondo.

«Che meraviglia» fa lui, visibilmente compiaciuto. «Posso chiederle come si chiama?»

«Certo: Elisa» e mentre pronuncio quel nome a un signore che non sa nulla del significato che esso riveste nella nostra epopea familiare, questa mi si rovescia addosso come una secchiata.

Ancora una femmina, ancora una Elisa. A continuare una fiera discendenza al femminile senza glorie né eroine. Dove le figlie vengono al mondo con la sola responsabilità della gioia che provocano, ma senza il fardello di ingombranti eredità o grandi aspettative. Dove fin dal primo giorno, cara Elisa, verrai sezionata per attribuire la discendenza genetica di ogni parte del corpo, il tuo corpo, che finirai per amare, qualunque esso sia. Dove indosserai i vestiti di tua sorella che prima erano stati di tua cugina piccola e prima ancora di tua cugina grande. E, se sei fortunata con le stagioni, potrai anche portare qualche tutina di tua madre che tua nonna ha conservato parsimoniosamente per più di quarant'anni. Dove imparerai che essere tristi è un diritto, ma trovare il lato divertente in tutto un dovere. E dove scoprirai che non ci sono limiti ai sogni che tuo padre farà per te, ma che ti basterà essere felice per realizzarli tutti.

Cosa posso augurarti più di ciò che hai già avuto dal destino? Forse che un giorno, come me, ti ritrovi a ringraziare tua madre per tutto ciò che non ha fatto, che non ha detto, che non ha voluto insegnarti con le parole. Perché in quel suo non fare era racchiuso il dono più grande che una bambina possa ricevere, la libertà.[1]

[1] Nell'intervista fatta nel 1990 dalla regista Gianna Mazzini per il documentario *Mia madre aveva una madre*, Rita Levi Montalcini attribuì alla sua adorata madre pittrice un solo merito, quello di non aver mai interferito con la sua vita, con la sua visione del mondo, con la sua ricerca. Le riconobbe la capacità di essersi messa di lato, in ascolto e in attesa. (Letto in F. Piccinni, *op. cit.*)

Mondadori Libri S.p.A.

Questo volume è stato stampato
presso ELCOGRAF S.p.A.
Stabilimento - Cles (TN)

Stampato in Italia - Printed in Italy